ÉPOQUES

ANTÉDILUVIENNE ET CELTIQUE

DU POITOU

2ᵐᵉ PARTIE.

ÉPOQUES

ANTÉDILUVIENNE ET CELTIQUE

DU POITOU

2me PARTIE.

TECHNOLOGIE

PAR

A. MEILLET

Membre de la Société des Antiquaires de l'Ouest.

AVEC 52 PLANCHES IN-4° GRANDEUR NATURELLE.

POITIERS
GIRARDIN.
LÉTANG.
NIORT
CLOUZOT.

PARIS
DUMOULIN,
Quai des Augustins, 13.
DERACHE.
Rue du Bouloy, 7.

C'est sans idées systématiques, sans opinions préconçues que j'écris cet opuscule. Les faits m'ont toujours guidé pour mes interprétations. Quant aux premiers paragraphes, où j'ai essayé d'assigner des dates, bien peu sûres, il est vrai, mais qui ont cependant certaines probabilités assez attrayantes, je n'entends froisser en rien les opinions des gens qui admettent la Bible comme chronologie la seule vraie, la seule possible ; il me semble que, sur ce chapitre, en se faisant de mutuelles concessions, il serait facile de s'entendre. Prenons dans cette vieille cosmogonie tout ce qui n'est pas contraire à l'histoire écrite ou monumentée, et mettons sur le compte des copistes ou des traducteurs les nombreuses erreurs de dates et de critique que l'on rencontre dans le livre des Rois, les contradictions flagrantes que nous offrent des textes également respectables, les Septante, la Vulgate, le texte hébreu ou samaritain ; je veux bien admettre que l'auteur présumé du livre est infaillible ; mais il ne faut pas reporter cette rare qualité sur tous les copistes qui ont été successivement chargés de nous le transmettre ou de le traduire.

Quant à la partie technique et descriptive de l'œuvre, j'avouerai, en toute humilité, que j'ai peu lu les livres qui ont été écrits sur ce sujet, faute de les connaître ; pour une autre raison ensuite, c'est que je n'ai guère l'habitude, dans les

1

sciences d'observation , de faits , de formuler une idée aut
que celle que mes impressions m'ont produite à cet égar
Si je ne suis pas dans le vrai, ce sera au moins des idée
miennes que je donnerai. Si quelquefois elles ne sont pa
neuves, tant mieux, je me serai rencontré avec d'autres cher
cheurs, et nos travaux se compléteront les uns par les autres

HISTOIRE

DES

CAVERNES DU POITOU.

> La seule et vraie science est la connaissance
> des faits; l'esprit ne peut y suppléer; ils
> sont dans les sciences ce qu'est l'expérience
> dans la vie.   BUFFON.

Dans l'étude des monuments et de l'histoire des Celtes, Gaëls, Kymris, Gaulois et Druides, on a, je crois, confondu deux époques bien distinctes ; je dirais même trois, si les bases sur lesquelles je m'appuie pour faire cette distinction étaient plus faciles à déterminer et n'étaient pas absolument muettes, ainsi que tout ce qui nous vient de ces vieux âges. Ce n'est donc que par des considérations d'un ordre secondaire qu'il est possible d'entrevoir quelques faits, d'éclaircir quelques détails de l'histoire de ces époques lointaines, et de coordonner trois grandes périodes qui se distinguent assez nettement l'une de l'autre. Pour essayer d'indiquer quelques dates, il faut se reporter aux livres indous, persans et surtout égyptiens, qui nous donnent des dates de beaucoup antérieures à la chronologie de la Bible, dates souvent concordantes, quoique écrites par des peuples complétement isolés.

L'histoire d'Egypte, écrite en grec par Manéthon sur les plus anciens manuscrits de cette vieille nation, e[t] produite par Eusèbe, un des Pères de l'Église, Jules l'A[fri]cain, Josèphe, le Syncelle, commence aussi à des épo[ques] fort reculées ; et ce qu'il y a de très-remarquable, c'est q[u'à] l'occasion de divers événements très-saillants, nous tr[ou]vons, avec les deux autres, des synchronismes que l'on [ne] peut expliquer qu'en supposant qu'ils sont partis de f[aits] avérés et universellement connus. Ainsi, grandes révoluti[ons] du globe, déluge, migrations, guerres et conquêtes, et surt[out] phénomènes astronomiques, se rapportent et coïncident da[ns] une multitude d'occasions ; les phénomènes astronomiq[ues] surtout offrent cela de remarquable que la science de c[e] temps-là ne pouvait, à l'aide de calculs rétrospectifs, les fa[ire] remonter, pour les besoins de l'histoire, aux époques in[di]quées ; et cependant les astronomes les plus éminents de n[os] jours ont souvent vérifié l'exactitude de ces coïncidences, à quelques années près.

« Tout étonné de se trouver au milieu de l'histoire da[ns]
» un éloignement où il ne soupçonnait que des mythes
» l'esprit hésite et s'effraye ; mais lorsque de nombreu[x]
» monuments viennent le convaincre de la réalité du mond[e]

---

(1) Voici comment parle de cet auteur le vicomte Emmanuel de Roug[é] dont la science est parfaitement connue :

« Sa position de prêtre égyptien garantit à ses assertions une autorité qu[e]
» les faits accroissent chaque jour. Les extraits de Josèphe nous prouven[t]
» que son livre était une véritable histoire.

» Manéthon, qui écrivait en grec, doit être rangé dans les sources na-
» tionales, etc.

» Nous avons donc une preuve de l'extrême véracité de Manéthon. Il
» faudrait que l'évidence des faits l'exigeât impérieusement pour qu'on
» osât s'écarter de ces récits... »

Il est impossible de mieux affirmer l'authenticité et la véracité des dates du vieux chroniqueur.

» qu'il parcourt, il interroge alors avec une avide curiosité
» chacune de ces lignes si frêles, et que tant de siècles ont
» pourtant épargnées (1). »

A l'aide de ces antiques légendes, posons donc quelques
jalons :

Première période (2). — Date complétement inconnue et
sans aucune désignation précise dans les plus anciens ouvrages de l'Inde ou de l'Égypte. La race scythique, dite
japhétique, habite déjà les monts Altaï; race errante et
voyageuse, elle inonde le monde de ses hordes nomades ;
un rameau immense serait descendu jusque vers les
montagnes de l'Himalaya, et en aurait occupé le versant
nord : c'est la race Arya. Une autre branche se serait dirigée
vers le Turkestan actuel, par les régions nommées par les
anciens Margiane et Bactriane (3); une partie de la colonie
paraît s'être arrêtée dans ce pays, d'où nous la reverrons
sortir plus tard; l'autre partie serait passée au sud de la
mer Caspienne, de là dans la Turquie d'Asie, la Grèce
(deux pays qui n'en faisaient qu'un à cette époque), puis
en Italie, en Espagne, en Gaule, et ne se serait arrêtée

(1) Vte de Rougé.
(2) Les dates et les principaux faits de cette histoire des premiers âges du
monde se trouvent dans un excellent ouvrage de M. G. Rodier sur la chronologie des anciennes races humaines; c'est le livre d'histoire le plus curieux et le plus savant qui ait été écrit depuis bien longtemps. Paris,
Amyot, rue de la Paix,
(3) La Bactriane est une ancienne province de Perse, entre la Margiane, la
Scythie, l'Inde et le pays des Saces. Bactres, actuellement Balk, est la capi-
tale. Les noms récents des pays qui la circonscrivent sont la Perse, les Etats
du Mogol, le Thibet et la Tartarie, dans laquelle elle est comprise au sud et
à l'est; elle est entourée de hautes montagnes, le Paropamisùs, etc., qui
font suite à la chaîne de l'Altaï. Il est nécessaire d'insister sur ce point, car
c'est de là, d'après diverses histoires anciennes, que sont sorties toutes
les nations de l'Europe et de l'Asie appartenant à la race blanche; aussi la
Bactriane a-t-elle toujours passé pour le berceau du genre humain.

qu'aux confins de l'univers connu, l'Angleterre, qui était alors jointe au continent. C'est la race antédiluvienne primitive de nos contrées qui est venue peupler nos pays occidentaux, qui certes n'avaient pas alors la configuration exacte que nous leur connaissons. Ces peuplades primitives ne vivaient que de chasse et de pêche, n'avaient à peu près aucun art connu, et c'est à cette première migration qu'il faut rapporter les nombreuses traces d'un travail de l'homme que l'on rencontre dans les couches diluviennes.

Vers 24000, débâcle de la glacière du pôle nord, fait vérifié approximativemet par des calculs astronomiques sur la précession des équinoxes.

Les Védas disent que, bien avant 19337, leurs pères les Aryas, chassés par un grand froid qui était tout à coup survenu dans leur pays, l'Eriène ou Iran primitif, situé sur les versants des Himalaya, avaient émigré en masse et s'étaient réfugiés dans les plaines et les vallées de l'Inde. On peut supposer que la secousse violente et le mouvement des eaux, occasionnés par cette révolution, inondèrent une grande partie de l'Europe et de l'Asie. Comme c'est, du reste, un phénomène instantané et de peu de durée, les terrains diluviens qui en résultent n'ont jamais une puissance comparable à celle des terrains précédents, appartenant aux époques géologiques proprement dites. L'Europe, n'ayant pas de hautes chaînes transversales de montagnes à opposer à l'invasion du fléau, dut être complétement inondée. Les races qui habitaient les plaines furent anéanties, et s'il resta quelques races témoins de cette grande catastrophe, ce ne put être que les peuplades habitant les sommets des plus hautes montagnes. C'est à la suite de cette inondation, qui dut refroidir considérablement la température, que les Aryas ou Scythes, ne trouvant plus le climat en rapport avec leurs habitudes et leur tempérament, peut-être aussi les vallées giboyeuses et fertiles qui leur servaient de terrains de chasse, tout ayant été bouleversé par l'impétuosité des eaux, se décident à émigrer et se transportent en masse dans les plaines des bords de l'Indus par le Cachemir et le Népaul. Vers cette époque, et comme conséquence du phénomène, l'Europe entière est déserte ; tout ce qui vivait fut anéanti simultanément, sauf quelques peuplades, quelques animaux qui, par suite de leurs habitudes, étaient cantonnés sur de hautes montagnes, les Alpes par exemple, ou leurs versants.

Les Aryas de cette époque, Indiens primitifs, vers ce temps-là, ne devaient pas jouir d'une civilisation plus avancée que celle que l'on suppose aux hordes antédiluviennes qui ont peuplé nos pays. C'étaient des peuples chasseurs, peut-être pasteurs, car certains indices prouvent qu'ils étaient assez sédentaires. C'est donc à cette période de civilisation que la mort est venue surprendre les premiers habitants de nos contrées, dont l'existence a été si souvent niée, et qu'il est si facile de prouver maintenant, toutes pièces en main

Passons à une autre date qui nous intéresse, à l'an 13901. Voilà 10000 ans d'écoulés, juste le temps assigné aux déluges périodiques par la science moderne (1), et un nouveau déluge nous est signalé dans les livres Indous, Persans, Égyptiens, à cette date précise. Pendant cette longue période, les Aryas, fixés dans les plaines fertiles de l'Inde, deviennent tout à fait sédentaires ; de peuples chasseurs, ils deviennent successivement pasteurs, agriculteurs et enfin artistes, cette phase ultime de la civilisation des peuples qui

(1) Il est assez remarquable que cette période se retrouve dans les livres chinois les Tao sse (10,800) comme époques fixatives des destructions et des renaissances perpétuelles des mondes.

ont su par leurs travaux agricoles se créer des loisirs qu'il faut occuper. Les sciences et les arts sont alors portés à un haut degré de perfection sur les bords de l'Indus. Manou leur donne des institutions civiles et religieuses; c'est un de leurs plus célèbres législateurs. Vers 14611, les Égyptiens inventent le zodiaque, qui ne tarde pas à passer dans l'Inde. C'est aussi vers cette époque que finit l'âge védique, et qu'on réunit en un faisceau toutes ces traditions vénérées, et dont la forme rhythmique et imagée se transmettait facilement de génération en génération.

Le nouveau déluge dont nous venons de parler dut être occasionné par la débâcle du pôle sud : si l'on s'en rapporte aux effets produits. Les Védas nous apprennent en effet qu'une grande inondation venue du sud ravagea les plaines de l'Inde ; Bérose en dit autant pour celles de l'Euphrate et du Tigre. C'est son déluge de Xisuthrus. C'est à cette époque-là qu'il faudrait rapporter le déluge sémite dont il est parlé dans la Bible (1). Ce phénomène, ne se faisant sentir qu'après avoir parcouru l'immense Océan qui sépare le pôle sud de l'Inde, ne dut pas causer d'aussi affreux ravages que le déluge précédent, dont la proximité du pôle rendait les effets bien plus terribles. Les Indiens, à cette époque, habitant encore vers les hautes plaines du pays et dans le voisinage des Himalaya, durent peu en souffrir ; cependant il faut croire qu'à cette époque ils se trouvèrent tout à coup trop resserrés dans cette nouvelle patrie, car c'est de ce jour que date la séparation en deux grandes nations de la race

(1) Quant aux temps antérieurs à Abraham, il faut se rappeler que la Bible ne calcule nulle part une époque à partir de son déluge; en outre, si l'on tient compte de la nature des récits des premiers chapitres de la Genèse, on peut se convaincre aisèment qu'il ne faut pas chercher ce que la science appelle une chronologie, dans ce sens qu'il ne fut pas permis à la science d'en examiner les différentes dates.　　Vte EMMANUEL DE ROUGÉ.

Indoue et Iranienne. L'excès de population et le fanatisme religieux poussé à l'extrême créèrent dans le royaume deux partis qui, en définitive, n'avaient jamais été bien unis, bien que ce fût les deux rameaux d'un même tronc. Une partie émigre et va se fixer dans la Perse, l'Afganistan, qui prirent alors leur nom d'Iran, des Iraniens qui venaient l'habiter. C'est lors de cette nouvelle migration que je placerai l'arrivée en Europe et dans l'Asie occidentale de nouvelles colonies que j'appellerai Keltes, Gaëls, nos véritables aïeux et ceux dont nous descendons bien certainement. Il est à croire que le refoulement occasionné par ce grand mouvement et aussi quelques lointains souvenirs de conformité de race déterminèrent alors les Bactriens à se joindre à ces nouveaux voyageurs.

Ces peuplades emportèrent bien avec elles quelques souvenirs de la mère patrie ; mais, toujours en lutte avec les éléments, avec les animaux, sous un climat rude et inhospitalier, forcées de disputer aux bêtes et leurs proies et leurs demeures, elles retombèrent dans cette barbarie primitive que leurs précurseurs n'avaient jamais franchie, et qui avait disparu avec ses habitants. Quels sont les indices qui nous portent à attribuer à cette seconde migration les Celtes, Gaëls, Germains, Finnois et Scandinaves ? Une portion néanmoins s'arrête sur les bords de la mer Noire, en Crimée, et sur le Bosphore dit Bosphore Cymmérien, d'où plus tard ils viendront rejoindre leurs autres frères d'Europe et y apporter les mystères et la psychologie druidiques, dont on les regarde à bon droit comme les organisateurs.

La première raison qui indique qu'une émigration indoue très-ancienne a repeuplé nos contrées, c'est que la langue de toutes ces nations a ses origines, ses racines, ses formes, ses radicaux dans le sanscrit, la langue sacrée de l'Inde, lan-

gue mère qui n'est plus parlée depuis longtemps dans ces
contrées et qu'on ne retrouve que dans leurs livres litur-
giques, les Védas, les Pouranas, légendes religieuses des
brahmanes; le Souria Syddantha, traité d'astronomie également en sanscrit, rédigé bien avant l'an 1390 4, puisqu'il décrit les phénomènes astronomiques antérieurs à cette époque
avec une fidélité et une concordance telles, que l'on est bien
forcé de donner au livre une antiquité plus reculée. Sur cette
question, du reste, un savant éminent, M. A. Pictet, de Genève,
a levé tous les doutes, et ses Origines indo-européennes sont
un monument de génie et de lumière qui est venu éclairer ce
passé si obscur. Quand une question a été traitée par de tels
hommes, avec une telle supériorité, elle doit être acceptée
partout sans conteste ; je la consigne donc ici comme un fait.
Mais j'ai trouvé un autre point de vue qui viendra corroborer
les premières preuves, quoiqu'il en soit très-distinct.

On trouve encore, quoique bien rarement, sur notre sol
des sépultures Celtiques intactes, vieilles reliques de nos premiers pères ; je dis celtiques, et non Gauloises ni Druidiques,
car j'attache au mot Celte la représentation de la plus
ancienne race primitive de nos contrées, depuis le déluge
précité, celle enfin qui a dû se perpétuer jusqu'à nous et en
nous. Ce genre de monument peut se caractériser ainsi : généralement ce sont des excavations faites en terre, le plus
souvent, je dirai même presque toujours dans des terrains
tourbeux ou bien sous des tumulus, dans des endroits généralement très-élevés ou au-dessous du niveau des eaux ; de
grandes pierres plates dessus, dessous et sur les côtés, forment
les parois de la chambre sépulcrale ; les cadavres se retrouvent entiers ; la crémation ne paraît pas avoir été en usage
parmi ces peuplades. Quelquefois quatre ou cinq cadavres
sont réunis dans le même tombeau ; aux angles sont tou-

jours des pots en terre, grossièrement travaillés à la main et pétris de sable blanc grossier ; la majeure partie n'est pas cuite du tout ; ces pots contiennent fréquemment des os de mains humaines ; çà et là, vers la tête et les pieds, sont disséminés des flèches, des couteaux en silex, taillés d'un seul coup, et tous en pierre du pays : mais ce qu'il y a de caractéristique, et ce que l'on n'a jamais observé, c'est que les haches que l'on trouve fréquemment sur les squelettes sont toutes admirablement taillées et polies, et toutes en pierres de l'Inde. Par pierres de l'Inde, je n'entends pas des genres de minéraux exclusifs à cette contrée, mais des variétés caractéristiques qui ne se trouvent que là, et dont sont faites les haches qui nous occupent. Ainsi les silex sont généralement jaunes, très-uniformes de nuances, parfaitement identiques dans toute leur masse, quelle qu'elle soit, à éclat gras cireux, aussi bien extérieurement qu'intérieurement, offrant enfin tous les caractères de la sardoine de l'Inde, qui, entre tous les silex, est le plus caractérisé par son aspect graisseux et adamantin particulier. Les haches en jade, que j'attribue à cette provenance, sont toutes en jade de la plus belle qualité, vert clair, demi transparent dans les épaisseurs de un à deux millimètres, parfaitement homogène. J'en ai possédé une de trente à trente-deux centimètres de longueur, qui n'offrait dans toute son étendue qu'une nuance pure et sans tache. Cette variété-là ne se trouve guère maintenant qu'en Chine, qui va le chercher à l'occident, et justement dans le pays que parcoururent les Aryas pour passer de l'Altaï aux Himalaya par les Monts Célestes et les montagnes du Thibet, où sont les gisements assignés par tous les auteurs chinois à cette rare substance. Un fait digne de remarque, et sur lequel un philologue pourrait fournir de précieux renseignements, est ce nom de pierre de Yu donné au jade dans la Chine et ailleurs.

Le sanscrit nous donne *dyu, ju,* lumineux, d'où soleil, puis Dieu, *Jupiter,* souverain *ju*; les Kymris ont conservé le nom de *Hucadarn, Hu* le terrible, l'*Esus* du moyen âge, le dieu de la guerre, des Gaulois. Cette pierre dut être, de prime abord, consacrée au soleil.

Une autre série est celle des armes en pierres de touche; je n'en connais pas et n'en ai jamais vu qu'on puisse attribuer à nos pays; leur taille admirablement finie, leur poli, leur forme mathématique et la finesse merveilleuse de la matière les désignent comme venant exclusivement de l'Inde; leur composition viendrait aussi affirmer leur patrie. Celles que l'on trouve dans le commerce proviennent soit de Lydie, en cailloux roulés, soit de France, Allemagne ou Angleterre; il s'en trouve presque partout : tantôt, comme celles de Lydie, ce sont des quartz colorés par du charbon, tantôt par de l'oxyde de manganèse, comme celles que j'ai trouvées à Prissac (Indre); d'autres fois, ce ne sont que des schistes carbonifères ou jaspes grossiers colorés en noir par une matière charbonneuse. Toutes ces substances ont le grain, les premières dur et serré, les secondes très-lâche, et toutes sont infusibles au chalumeau. Mais celles de l'Inde se distinguent par une texture finement grenue, et surtout par leur fusibilité en émail blanc; c'est donc encore une troisième espèce qu'il est raisonnable d'attribuer seulement à l'Inde, d'après ces caractères et d'autres qu'il serait trop long d'énumérer ici.

Je pourrais encore citer des haches en belle obsidienne verdâtre de l'Inde; une autre en sardoine blanche laiteuse; une petite en jade blanc, des mêmes contrées; mais ce qui en caractérise le plus grand nombre, ce sont des plans assez étendus enlevés d'un seul coup sur ces substances, toutes très-dures. Ces plans se répètent sur toute la surface de la pierre, à l'exception du tranchant, qui a été poli plus soigneusement. D'après l'aspect de ces parties, on voit clairement qu'une aussi grande étendue, dégrossie et rodée, d'un seul jet, n'a pu l'être qu'à la meule, le travail manuel n'offrant ni cette hardiesse de méplats, ni cette régularité de lignes; puis aussi la profondeur des stries parallèles qu'a laissées le passage du corps frottant, indique la puissance des moyens qu'on mettait en œuvre pour cette fabrication. Il est impossible de produire de tels effets sur des roches de ce genre sans avoir recours à l'émeril, roche abondamment répandue dans l'Inde, et qui, de temps immémorial, y sert à la taille des pierres dures et fines. Les haches taillées dans nos pays, après leur ébauchage au marteau, étaient frottées, pour en adoucir les angles et perfectionner leur forme, avec des sables quartzeux, dont la dureté est à peu près pareille à la leur ; il en résultait bien des rayures dans le sens du frottage, mais infiniment moins profondes et presque insensibles. La pierre se polissait pour ainsi dire en même temps qu'elle se faisait, et passait de l'état brut à sa perfection par une série d'angles mousses et toujours arrondis ; tandis que dans l'Inde, après avoir été ébauchée par percussion, elle était amenée à la forme voulue au moyen de grandes meules horizontales saupoudrées d'émeril. L'état des arts dans cette contrée et à cette époque permet ces suppositions, et l'inspection d'une seule de ces haches en convaincra de suite le plus incrédule : ce sont, du reste, les plus rares ; elles ont dû être apportées de l'Inde lors de la migration des Celtes ariens, et il est probable qu'il n'en est pas parvenu d'autres depuis ; car, parallèlement à ces pierres, qui indiquent un art assez avancé, nous trouvons dans leurs gisements les outils et ustensiles les plus bruts qu'il soit possible de concevoir : pots grossiers non cuits, flèches en silex, sans autre travail que la cassure, casse-tête en pierres du pays, grossièrement ébauchés, sans traces de frottage, quelques-uns à peine appointés; voilà l'art de ces peuplades, qui auraient été de tous points incapables de confectionner les haches qu'ils possédaient.

Passons à la seconde période des haches, la troisième de l'âge de pierre; c'est elle qui est le plus nettement caractérisée par l'immense quantité des échantillons que l'on trouve dans les monuments druidiques (grands tumulus et dolmens). A quelle époque faut-il la rapporter?

Ici je copie textuellement une lettre que M. G. Rodier a eu l'obligeance de m'adresser en réponse à quelques questions que je lui avais adressées :

« Vers 2400, nouvelle débâcle de la glacière nord; vers
» 2350 (par contre-coup), rupture du rivage occidental de
» la mer Noire, dont les eaux se précipitent sur la Grèce,
» affaissement de l'Atlantide? Déluge qui ravage une partie
» de l'Irlande.

» De petits cataclysmes locaux semblent le résultat des
» vibrations ultimes de l'ébranlement de 2400, comme dé-
» luges de Deucalion, de Dardanus, d'Ogygès. »

Le Père Pesron, dans ses *Antiquités Celtiques*, place cette migration avant Inachus, qui régnait en Grèce 2000 ans avant Jésus-Christ. Les Celtes ou Kymris, partis des bords des Palus-Méotides, s'établissent sur les bords du Pont-Euxin, en Crimée, et dans le voisinage du Bosphore Cymmérien. L'an 1500 avant notre ère, elles s'ébranlent de nouveau, et pénètrent en Europe, après avoir fait de fréquentes stations dans les pays parcourus.

Les haches de cette époque viennent à peu près toutes des

Alpes, de la Savoie, de la Suisse, du Dauphiné. La forme est différente des premières ; elles sont généralement plus soignées, les angles plus aigus, et cependant la forme est moins harmonieuse. Voici les espèces que j'y ai trouvées :

Une sorte de chlorite schisteuse verte, contenant des grenats rouges, du fer titané et de la Sismondine. Cette sorte d'aggrégation ne s'est rencontrée jusqu'ici qu'à St-Marcel, en Piémont. L'échantillon est percé et n'a pu servir que d'amulette. Une serpentine verdâtre foncé avec grenats des Alpes. Quatre roches diallagiques, également des Alpes. J'ai vu cinq ou six haches en saussurite ou jade tenace des Alpes, et qui ne se trouve en galets roulés que dans la Suisse : elles ressemblent à de la corne grise d'Irlande ; plusieurs en amphibolites, qui ne se trouvent encore guère que dans ces mêmes localités ; beaucoup en euphotide jadien, qui se trouve en fragments roulés sur les bords du lac de Genève.

Il faut y ajouter ces différents cailloux, si communs dans les Alpes, et qui sont soit des pétro-silex, soit des euphotides, soit même des jades, mais avec un aspect et une couleur caractéristique de ces contrées.

Une remarque qu'il n'est pas inutile de faire à ce sujet, puisqu'elle peut éclairer, jusqu'à un certain point, les mystères de leur fabrication, c'est que toutes les haches celtiques que l'on rencontre, à quelque période qu'on puisse les rapporter, sont toujours en morceaux parfaitement homogènes, sans aucune fissure dans leur intérieur. J'attribue ce fait à ce que, pour s'éviter du travail, on a souvent employé des cailloux roulés, qui, par les chocs et les roulis qu'ils avaient subis pendant longtemps, sont, en quelque sorte, le noyau choisi de ces sortes de roches, la dernière portion la plus homogène qui a résisté aux chocs nombreux qui l'ont amenée à cet état. Un autre fait viendrait corroborer cette opinion, c'est que l'on a trouvé en Suisse, sur les bords de différents lacs, des quantités prodigieuses de ces haches à un état plus ou moins avancé de fabrication. Les moyens mécaniques dont ils disposaient ne leur permettaient guère d'attaquer des roches en place ; il est donc plus que probable que la grande majorité provient de ces galets qui sont si fréquents dans les torrents et les vallées des Alpes, et que c'est cette cause qui a déterminé la localisation dans ces contrées de cette ancienne fabrication.

Passons aux cavernes. On y a trouvé de nombreux éclats provenant de la fabrication de leurs outils, et aussi des prismes en silex de diverses couleurs. Ces prismes passent à une pyramide à 6 et 8 pans, et ne sont que les noyaux, résidus des pierres primitives dont on détachait les éclats triangulaires qui formaient les flèches. C'est encore par ce procédé qu'opèrent les ouvriers qui fabriquent les pierres à fusils (pl. XI, fig. 4).

Pour comprendre ce travail, il est bon de donner quelques explications. Le silex possède une propriété particulière peu connue. Lorsqu'il est frappé d'un coup sec sur une surface plane, il se produit une fissure dans sa profondeur, qui en isole et sépare souvent un cône arrondi en forme de téton : c'est la cassure conoïde, qui n'est nulle part plus apparente que dans ce minéral (*voir* pl. XI, fig. 1). Quand le coup est donné sur les bords de la pierre, la cassure n'est plus que demi-conoïde (fig. 2), et elle se prolonge assez loin : c'est ainsi que sont détachées toutes les flèches du Chaffaud. Enfin, le dernier symptôme effacé de ce phénomène se trouve dans la cassure conchoïdale représentée (fig. 3), et qui simule souvent une coquille à s'y méprendre. C'est donc en partant de cette propriété, qu'ils avaient observée sur quelque cassure accidentelle, qu'ils sont arrivés, d'essais en essais, à tailler avec une habileté merveilleuse des couteaux en silex d'un seul jet et d'une longueur quelquefois de 35 centimètres (fig. 10 et 13), ainsi que des petits outils, aiguilles, flèches de 2 à 3 centimètres de longueur, très-effilés et très-pointus.

Ils ont choisi, on le voit à leurs résidus, avec beaucoup de sagacité les silex les plus facilement clivables, et ils ont dû les tailler quand ils avaient leur eau de carrière ; le travail, sans cette condition, est presque impossible. Ils ont aussi souvent employé des jaspes du voisinage, qui leur offraient soit une jolie couleur, soit un peu plus de ténacité que le silex. Voici donc comment ils ont dû s'y prendre :

Un caillou d'une forme quelconque étant donné, on commence, en l'éclatant, par lui faire deux faces parallèles et opposées, qui seront plus tard les bases des prismes ; puis, en frappant un coup sec sur l'une des bases (fig. 18, pl. XI), il s'en détache un éclat qui part de l'une à l'autre. En tournant symétriquement le morceau, on forme les faces une à une ; il en résulte un prisme polyédrique (fig. 4, 5 et 6), qui, suivant sa grosseur, peut être de 8 à 24 faces. En frappant un coup sec entre deux faces du solide (fig. 8), on en détache toujours un fragment triangulaire (fig. 11), ou quadrangulaire (fig. 12), et cette opération se continue jusqu'à ce que le noyau soit trop petit pour être manié. Ces pointes de flèches, de dards, sont toutes faites ainsi ; souvent aussi elles sont recourbées, car la cassure conchoïdale du silex fait souvent lever des éclats légèrement arqués.

Les n⁰ˢ 8 et 9 sont des noyaux sur lesquels est indiquée au pointillé la manière de donner le coup pour détacher les différentes flèches. — N° 7. Noyau réel, provenant du Chaffaud. — N° 19. Le marteau employé actuellement pour tailler les pierres à fusil ; l'analogie de sa forme avec les

2

silex-marteaux des Celtes, nᵒˢ 16 et 17, est assez remarquable.— 20, 21. Marteau rond et enclume actuels servant à tailler la tête des pierres à fusil au moyen d'une série d'éclats marqués **A** (fig. 22). Les Celtes, pour tailler leurs grattoirs (fig. 15), que l'on trouve en si grande quantité dans leurs cavernes, se servaient, quelquefois, des noyaux résidus de leur travail. On en trouve sur lesquels on voit clairement l'usage prolongé auquel ils ont servi.

Ce qui caractérise, selon moi, cette première époque, c'est l'absence absolue d'un travail secondaire de polissage sur tous ces éclats. De même que pour les haches ou cassetête, tout cela a été simplement cassé, clivé pour ainsi dire, quand la pierre était fraîchement extraite; et je ne connais pas un exemple d'une seule hache trouvée dans ces positions bien définies qui ait été usée et polie par le frottement. Des éclats, des fissures adroitement dirigées déterminaient la forme voulue, et on en restait là. Tout cela indique une enfance de l'art qui devait être en rapport avec la naïveté primitive de ces peuples encore bien jeunes. Une autre remarque excessivement importante que j'ai faite sur de nombreux échantillons, c'est qu'aucune de ces armes, de quelque forme et à quelque série qu'elles appartinssent, n'a été faite qu'avec des matériaux du pays. Silex, jaspes, agates de ces cavernes se retrouvent identiquement pareils à peu de distance. Ainsi les grottes de Charroux, sur peut-être deux mille échantillons que j'ai eus en ma possession, n'ont guère offert que des silex blonds et bruns des calcaires oolitiques environnants, et, chose très-remarquable, des jaspes jaunes, tigrés de taches de manganèse, qui ne se trouvent que dans les terrains d'Allöue, en mélange avec des silex noirs qu'on trouve assez fréquemment dans ces cavernes, taillés de différentes manières.

Ainsi cette première époque Celtique ou Scythique est donc caractérisée par une absence absolue d'art dans la fabrication des armes ; on n'y trouve ni poteries ni métaux ; les haches ne sont jamais polies ; les silex sont toujours empruntés aux terrains avoisinants, produits par de simples cassures, sans traces de polissage, et fréquemment mélangés d'espèces ou perdues ou n'habitant plus nos climats. A Charroux j'ai trouvé des ossements de *lion*, des dents d'*ours des cavernes*, une mâchoire du *vulpes spelæus*, des cornes de *cerf gigantesque*, et nombre d'ossements indéterminés, qui n'appartiennent pas aux genres actuellement existants. Aucune de ces armes brutes ne se trouve non plus dans les dolmens, tumulus, cairns, que l'on a fouillés à différentes reprises ; c'est donc une époque et une race parfaitement caractérisées, et qui n'ont laissé d'autres traces de leur passage que ce que nous en avons énuméré plus haut.

Avant de donner une description des cavernes du Chaffaud et des autres que nous avons observées en si grand nombre, il n'est pas inutile de formuler notre opinion sur leur formation, leur remplissage et les différents phénomènes qui s'y rattachent.

Ce que j'en dirai ici ne se rapporte absolument qu'aux grottes de nos environs, toutes situées dans l'oolite inférieure et dans des positions presque partout identiques, une étude plus générale de ces cavités ne pouvant trouver place ici, car elle nous conduirait à des lenteurs que je veux éviter.

Comment et à quelle époque se sont formées ces cavernes, qui toutes paraissent avoir été creusées, non par des courants violents d'eaux souterraines, mais par le passage longtemps continué d'eaux acides ; je vais en donner la raison.

Il est à croire qu'à une période géologique indéterminée, peut-être même à plusieurs reprises, eurent lieu de grands affaissements du sol produits par les plissements que la croûte du globe, imparfaitement solidifiée, éprouve encore souvent de nos jours. Or, supposons une grande catastrophe de ce genre arrivée sur une partie de notre hémisphère : par suite de cet effondrement, qu'un terrain ancien, un immense lambeau de terrain Dévonien avec ses anthracites, de terrain Carbonifère avec ses houilles, soit précipité dans l'abîme et mis en contact avec les silicates métalliques en fusion qui composent le noyau incandescent de notre planète, qu'arrivera-t-il alors? Au contact du charbon, tous les sels oxydés fixes, silicates, sulfates, etc., seront réduits ; il en résultera, d'une part, des sulfures, des chlorures, des métaux simples, tous volatils, et qui durent alors, et de bas en haut, emplir les fissures produites par la catastrophe. Ce sont les filons métalliques, sur le mode de remplissage desquels tout le monde est d'accord. Le silicium produit, comme plus condensable, dut venir alors se réoxyder au contact des roches traversées et former les gangues des filons. Parallèlement à ce phénomène, il dut se produire d'immenses quantités d'acide carbonique, qui, enfouies sous une couche épaisse de sol, durent chercher à se faire jour de tous côtés ; le même acide, provenant des calcaires décomposés au contact de la masse incandescente, put encore s'ajouter à la première cause ; il en résulta, dès lors, des quantités prodigieuses de ce gaz qui, en se faisant jour à travers l'écorce solidifiée, durent jouer un rôle immense dans la perforation de nos roches calcaires.

Supposons, en effet, dans le fond d'une mer profonde, comme devaient être alors les mers jurassiques, la moindre fissure donnant passage au gaz carbonique comprimé et par la tension qu'il devait avoir et par l'énorme pression de la couche liquide, il en résultait un liquide dissolvant d'une puissance égale à celle des acides les plus concentrés ; de là ces érosions si particulières qu'elles n'offrent absolument de similaires que celles produites par le contact d'un acide sur une roche formée de divers éléments, partie solubles, partie insolubles. Si l'on admettait que ce sont des courants violents d'eaux souterraines qui ont creusé ces longues galeries, comment expliquer ces bizarres dentelles de silex qui tapissent partout le plafond de ces grottes? Dans les grottes de Lussac, de Nouaillé, de la Bussière, cinq cavernes ont offert ce phénomène développé au plus haut point. La partie supérieure de la voûte n'est formée que d'un inextricable réseau de silex, découpés et déchiquetés dans tous les sens ; leurs saillies sont fines, anguleuses ; il a fallu une action énergique quant à l'action chimique, absolument nulle quant à l'action mécanique, pour avoir délicatement laissé en place ces substances insolubles et tirées peu à peu de la masse du rocher. Un autre fait vient corroborer cette explication : c'est l'absence de ces silex à la partie inférieure des grottes. On sait, en effet, qu'une solution acide, en se saturant et devenant par là même plus dense, devait séjourner sur le sol, à l'abri désormais de leur pouvoir dissolvant anéanti ; toutes les roches que j'ai examinées portent, en effet, ce stigmate de leur mode de perforation. A la base, peu ou point de silex en saillie ; ils commencent à se dessiner vers le milieu ; enfin la voûte n'est plus formée que par eux. Puis, en admettant des courants d'eaux souterraines, comment ont-elles pu former ces cavités nombreuses, ces poches, souvent si spacieuses, presque isolées de l'ouverture principale, et n'y communiquant souvent que par un boyau de quelques centimètres d'ouverture, et dans lesquelles on retrouve en place les silex propres à la roche où ils ont été produits?

Notre pays est rempli de ces roches calcaires perforées, dans tous les sens, de trous souvent très-rapprochés et presque toujours de bas en haut, dans lesquels aucuns courants n'ont pu se faire jour, et pour lesquels aucune autre explication n'est admissible. Il est probable que la formation des terrains de la période crétacée est due en partie à l'immense dissolution de calcaires qui dut avoir lieu à cette époque. Du reste, en examinant attentivement ce que produisent actuellement sur les calcaires les courants violents, on ne trouve aucune ressemblance, aucune similitude; les roches, homogènes ou non, sont uniformément rongées; le choc des cailloux ou des sables que transportent ces torrents use d'une manière uniforme et le fort et le faible, et l'on voit évidemment sur ces érosions l'action d'agents mécaniques, bien différente de celle des cavernes. On a voulu les expliquer aussi par des effets de dislocation survenus à la suite de violentes commotions du sol; toutes celles que je connais sont creusées en plein bloc; pas une fente, pas une stratification discordante; dans toute l'étendue on retrouve toujours aux mêmes hauteurs la même nature de roche; deux ou trois qui pourraient faire exception ont dû leur conformation à des éboulements relativement très-récents.

Tout nous porte donc à croire et à affirmer que les grottes nombreuses des calcaires jurassiques ont été formées lentement par l'action d'eaux chargées d'acide carbonique, et nullement par les forces purement mécaniques de violents courants d'eaux souterraines. Que, dans quelques cas, ce dernier phénomène soit venu se superposer au premier, cela est admissible, très-probable même; mais la cause initiale me paraît devoir être reportée aux causes indiquées plus haut.

Passons à un autre âge de ces immenses cavités. Je n'ai parlé jusqu'ici que de leur formation primordiale ; mais, en abordant la seconde période, celle de leur remplissage, et du rôle qu'elles ont joué lors de l'époque quaternaire, j'avoue que jai eu bien des doutes, et que je ne suis guère satisfait des explications qu'on en a données et que j'en donnerai moi-même. Je trouve en effet, en mettant en parallèle les différents faits que j'ai pu recueillir et dans les auteurs et dans nos propres observations, quelques contradictions ; mais les faits que j'ai soigneusement observés mettront chacun à même de se former une opinion personnelle.

Les cavernes dont j'ai déjà parlé se nomment les grottes du Chaffaud. Elles sont à moitié chemin entre Civray et Charroux, sur les bords de la Charente. Les principales se trouvent ouvertes sur le flanc du coteau à 10, à 12 mètres au-dessus du niveau de la rivière qui coule presque à leur pied ; l'ouverture est placée en plein midi. Nulle de ces indications n'est futile, car j'ai remarqué qu'aucune grotte de ce genre ne se trouve qu'au midi, dans le voisinage de l'eau et tou-jours dans un terrain très-sec ; où vous trouverez absence d'un de ces critérium, inutile de fouiller le sol, il n'y aura rien dans la caverne.

A des gens peu vêtus il fallait un bon orient pour avoir de la chaleur, une habitation sèche pour avoir de la salubrité, de l'eau pour les besoins habituels de la vie.

La grande caverne n'est pas très-profonde ; la voûte est fort élevée et contient deux couloirs latéraux débouchant sur des issues autrement orientées, et qui peut-être ont été bou-chées au temps de l'habitation (1). L'ouverture principale,

(1) *Voir* pl. X, fig. 4, et planche XV.

pour les besoins de la défense et contre ses semblables et contre les animaux, pouvait se boucher avec les immenses blocs qui se trouvent au bas, et qui bien certainement ont été mus de main d'homme, et ne se trouvent pas accidentellement où ils sont.

Une espèce de puits, qui correspond à la partie surjacente de la caverne, a dû servir, en cas d'alerte ou de guerre, d'entrée pour les hommes obligés de sortir soit pour les provisions ou les reconnaissances. Bien qu'on n'y reconnaisse pas de traces de travail humain, c'est un orifice indubitablement ouvert de main d'homme. On aura profité probablement de quelque fissure heureusement dirigée. Les traces de travail intentionnel s'effacent si vite sur nos roches calcaires, soumises aux dégradations continues d'un climat aussi changeant que le nôtre, que je connais certaines tranchées de nos chemins de fer dont on pourrait comparer l'apparente vétusté des coupes avec celle des roches les plus décrépites.

L'impression qu'on y éprouve en y entrant a quelque chose de saisissant : c'est un vrai palais grandiose et imposant, dont la nature semble avoir fait seule les frais ; et quand quelques coups de pioche vous font jaillir en foule ces souvenirs d'un passé si lointain, on se sent pris d'un sentiment de vénération pour ces vieilles voûtes qui ont abrité tant de générations disparues, nos ancêtres peut-être, qui, à l'abri de ces solides rochers, ont aussi combattu contre les éléments, contre la faim, contre les animaux féroces qui les entouraient de tous côtés, contre leurs semblables enfin, car l'homme de tout temps s'est fait la guerre.

Le sol superficiel de la caverne est composé d'une terre meuble qui ressemble beaucoup à des cendres ; c'est le sol qui a été foulé, remanié par toutes les générations qui s'y sont succédé, et qui n'a point d'analogue ni en haut ni en bas de la caverne ; une analyse m'en donne la certitude. On trouve déjà dans cette première couche quelques silex taillés en fer de flèches, de lances ou d'armes de jet ; ils sont généralement cassés et mélangés des débris de leur fabrication. C'est dans cette couche et à la partie supérieure que M. Brouillet trouva, il y a longtemps, des haches en silex poli, que j'attribue généralement aux Celtes, peuple bien postérieur à celui qui nous occupe, qui paraît avoir occupé la Gaule environ 13 mille ans avant notre ère. Ce qui me ferait adopter cette date, c'est que c'est une époque de tous points remarquable et dont quelques détails pourraient s'adapter à ce repeuplement de nos contrées ravagées par le cataclysme précédent.

Les Indiens placent vers ce temps-là le déluge de Satyau-rata, qui ravagea l'Inde, la Mésopotamie et l'Asie-Mineure (déluge sémite, dit de Noé) (1). Scission vers le même temps entre la race ariane et iranienne ; émigration de celle-ci vers

---

(1) Au sujet de ces premières époques, voici ce qu'en dit un historien chinois (Lopi). Il y a beaucoup d'analogie avec le sujet en question. Bien qu'on ait coutume de rejeter ces récits aux temps fabuleux, ils ont un air de vérité qui les rapproche singulièrement de ce qu'on connaît maintenant :

« Sous Hoène Tune, les oiseaux et les bêtes, les vers et les serpents, tous » ensemble et comme de concert, faisaient la guerre à l'homme.

» Sous Yeou Tsao-Tchi, les hommes se cachaient au fond des rochers ; ils » peuplaient les déserts.

» Les animaux se multipliaient beaucoup, et les hommes étant assez rares, » ils ne pouvaient vaincre les bêtes et les serpents.

» Sous Tchine-Fang, les serpents et les bêtes étaient en grand nombre ; » les eaux débordées n'étaient pas encore rentrées dans leur lit ; la misère » était extrême. »

La description de ce qui dut arriver aux peuplades échappées aux déluges est assez nettement indiquée ici pour regarder ces vieilles légendes comme de véridiques souvenirs.

l'ouest. Un peu plus tard on trouve quelques traditions vagues sur la tour de Babel ; guerre entre les Sémites et Japétites ; ceux-ci sont repoussés vers le nord, et de là dans l'ouest (1).

Entre le déluge précédent et celui-ci, aucun souvenir quelconque d'émigration ne nous étant parvenu, c'est au premier mouvement signalé qu'on pourrait reporter approximativement le repeuplement de l'Europe ; du reste, nous ferons observer que nous sommes ici en parfaite concordance avec la Bible, quant aux faits ; la date seule est différente : ainsi, déluges, scission entre des races précédemment unies, dispersion des différentes tribus dans l'Asie, l'Europe et l'Afrique, tout est identique.

Les différentes parties de la caverne n'ont pas toujours offert des couches semblables, et s'il y en a qui sont parfaitement diluviennes, d'autres offrent moins ce caractère, quoique présentant en place et sans remaniement les mêmes objets que dans les couches de limon rougeâtre.

Ainsi, dans la partie 1 (pl. X, fig. 4), située sous l'ouverture ronde en forme de puits qui a dû servir d'entrée, on trouvait d'abord cette couche meuble qui ressemble à des cendres (fig. 4) A : c'est évidemment un remaniement opéré par le piétinement des habitants successifs de la caverne. Sous cette couche, j'ai trouvé jusqu'au rocher les sables argileux rougeâtres B, avec silex roulés qui caractérisent le diluvium supérieur dans nos contrées ; je dis diluvium supérieur, car cette couche est toujours tellement superposée aux sables diluviens maigres avec blocs erratiques, qu'il est impossible de leur assigner une formation synchronique ; c'est elle qui remplit la plupart du temps les fissures du

(1) G. Rodier, *Antiquités des races humaines.*

alcaire jurassique de nos contrées; enfin elle est identique
avec les limons des cavernes. Celles-ci, en effet, quoique
remplies à une époque d'inondation, ne contiennent pas in-
différemment toutes les matières différentes que l'on a rat-
tachées, un peu trop à la légère, à un même cataclysme;
d'après l'ensemble des faits, l'étude des substances minérales
et autres qui se trouvent dans les différentes couches du diluvium, il est impossible de ne pas admettre plusieurs suc-
cessions d'un phénomène qui a eu des résultats si divers.
Si la même cause avait rempli les cavernes, pourquoi n'y
en aurait-il pas quelques-unes de comblées avec ces sables
secs, arides, à silex fortement usés et frottés, contenant des
blocs erratiques, et qui constituent seuls en tant d'endroits
le terrain diluvien proprement dit? Mais je reviendrai sur
cette discussion en traitant des objets de l'industrie humaine,
que l'on trouve dans ces dépôts rougeâtres; dans cette
couche bien caractérisée (fig. 4, I), j'ai trouvé des silex
taillés et quelques cornes de cerfs ou de rennes avec silex
emmanchés, quelques débris de mâchoires, dents et autres
os d'espèces qu'on peut rapporter au *cervus megaceros*, au
cheval, à l'*aurochs* et à quelques petites espèces de rongeurs;
mais là point d'os travaillés, comme ailleurs. En arrière de
ce premier gisement se trouvait un boyau d'une dizaine de
mètres de profondeur, comblé presque jusqu'à la voûte de
pierres détachées (fig. 3, C) provenant soit de la caverne, soit
des environs, et jetées là pêle-mêle, à une époque relativement récente. Je la fis déblayer, et je trouvai sous ces pierres, d'abord les terres analogues à la cendre (fig. 3, D), et
qui se sont trouvées partout à la superficie; il y avait épar-
pillés çà et là quelques silex taillés et quelques ossements.
Au-dessous se trouvait une couche de stalagmite E, épaisse
de quinze à vingt-cinq centimètres, et qui contenait dans son

intérieur une quantité énorme de beaux silex taillés soit
flèches, couteaux et grattoirs, le tout mélangé d'une mu
titude d'os d'animaux à peu près analogue à la premiè
fouille. Il y en avait quelques-uns de travaillés. La couche L
qui se trouvait au-dessous, était un limon jaunâtre différe
du premier (*lœss?*), et entremêlé d'une multitude de débr
de la roche même, en fragments anguleux, nullement roul
et à arêtes aussi vives que si on les eût cassés et enfouis
la veille ; du reste, là dedans les mêmes objets que dans
stalagmite. Enfin, en atteignant le rocher F, on rencontra
encore le limon rougeâtre E, avec quelques silex, et très-pe
d'os. C'est au devant de ce boyau, à l'intérieur même de
grande caverne, et sur une ligne non interrompue regardar
le midi, qu'ont été trouvés cette masse d'ossements travaillé
si curieux, dont les dessins se trouvent à la fin de cette no-
tice. Une description très-exacte de leur gisement est util
pour tous ceux qui voudraient se former une opinion su
leur âge réel, car il m'est difficile de leur assigner une
époque bien précise. Sont-ils antédiluviens ? sont-ils simplement dus aux Celtes. Les raisons pour et contre ne manquen
en aucune façon. La ligne (pl. X , fig. 4) dans laquelle se
sont trouvés ces os travaillés était placée de telle façon qu'il
est à supposer que les hommes qui les y ont abandonnés durent se placer là de préférence, quand ils habitaient la caverne, car ils pouvaient y avoir le soleil à peu près toute la
journée ; du côté opposé, on en a très-peu trouvé. L'espace
s'étendait sur un mètre environ de large et une dizaine de
long , au devant de deux ouvertures ou petites cavernes latérales. Il y avait çà et là de gros blocs plats, disséminés à la
superficie, ayant environ un mètre au carré, et qui sont de
la même nature que la roche.

Ces blocs étaient entourés de ces terres meubles dont j'ai

déjà parlé, qui pénétraient même sous leurs cavités les plus élevées ; mais la partie la plus déclive reposait directement sur le terrain aux ossements. Sa place est indiquée (pl. X, fig. 1, B), qui figure la caverne (fig. 2).

A A, gros blocs détachés de la roche ; B, cendres avec quelques os et silex ; D, nombreux fragments de la roche, nullement empâtés ni roulés, n'étant souvent séparés que par quelques infiltrations de terres meubles de la couche R : on y trouve des silex et quelques os à peine travaillés ; D, la couche C passe insensiblement à celle-ci, où les fragments de roche sont empâtés dans un limon jaunâtre très-manga-nésifère : c'est là que se sont trouvés à peu près tous les os travaillés de nos collections, et deux fragments d'une mâchoire humaine, avec cinq ou six dents ; E, limon rougeâtre avec silex roulés, silex taillés, quelques ossements ; F, roche jurassique.

Comment se sont remplies ces cavernes et à quelle époque? Il est évident, d'après les coupes (planche X, figure 3), que nous avons quatre périodes bien distinctes après la perfora-tion de là caverne.

La couche la plus profonde G de limon rouge sablonneux entremêlé de silex roulés correspond à la même couche qui se trouve, en maints endroits dans notre département, immé-diatement au-dessus des sables maigres diluviens, caractérisés par des ossements d'éléphants, etc.

Le limon jaune est identique au *lœss* de quelques auteurs ; c'est la couche la plus riche, et il est à présumer que la race la plus industrieuse des différents habitants de nos cavernes fut celle qui précéda immédiatement ce dépôt. Combien de temps s'est-il écoulé ensuite entre cette période et l'agglomé-ration des stalactites? Nul ne pourrait le dire ; mais l'inspec-tion de ces calcaires doit faire supposer que, dès le début, de

puissantes causes concouraient à leur formation. On trouve
en effet à la surface du *lœss* d'énormes fragments de stalac
tites brisées ; on en trouve souvent encore d'adhérentes à la
roche, qui sont toutes constituées par un calcaire spathique
à grandes facettes, analogue au spath d'Islande ; or il a fallu
un long temps et une atmosphère bien saturée d'acide carbonique pour permettre au calcaire de cristalliser en aussi
fortes masses transparentes. Les stalactites et stalagmites
qui se forment actuellement ne nous offrent qu'une masse à
zones concentriques, peu ou point cristallisées, et formées
évidemment dans des conditions tout autres que les premières. On peut croire qu'à la suite de ces dépôts de limon
jaunâtre, assez favorables à la végétation, d'immenses forêts
couvrirent bientôt le sol et y produisirent les effets habituels,
c'est-à-dire une grande humidité et des pluies diluviennes.

Ces pluies, en effet, s'infiltrant lentement et sans cesse dans
les roches, y produisirent ces stalactites qui se forment encore
de nos jours, mais sur une moindre échelle. Immédiatement
au-dessus de la roche et du limon rouge, on n'en trouve pas
de traces, et il est à présumer que cette époque des pluies est
postérieure aux autres et s'est longtemps continuée.

La Gaule, au temps de Strabon, était encore couverte de
forêts et d'eaux stagnantes, qui rendaient son climat froid et
humide ; ce ne fut que vers le ive siècle que l'on entreprit des
défrichements considérables, qui l'assainirent assez pour
y planter la vigne.

Pendant cette dernière période, ces cavernes ont été successivement habitées par les Gaulois, les Francs, enfin jusqu'à
nos jours. Les os, outils et instruments de toutes sortes qui se
trouvent engagés dans la stalagmite, ont pu se trouver à la
superficie du limon jaune, et c'est ainsi qu'ils ont été agglo-
mérés.

Maintenant pourquoi se trouve-t-il ici tant d'ossements de races perdues (1), tous travaillés de main d'homme, tous portant le cachet de son industrie ?

On a prétendu que les eaux qui ont entraîné des limons dans ces cavernes y avaient aussi charrié des os ; d'autres disent que ce sont d'immenses charniers rassemblés là par de grands carnassiers ; enfin, pour rallier un peu les diverses opinions, on a dit aussi que les hommes étaient venus postérieurement à l'enfouissement des os, et qu'ils s'en étaient servis pour s'en faire des armes.

La première hypothèse qui admet que ce sont des os apportés là par des courants est si singulière, que je ne crois pas que personne l'ait jamais proposée sérieusement. Comment, en effet, supposer cette sélection toute particulière d'immenses quantités de cadavres, qui sont ramassés dou-

---

(1) Voici une liste incomplète des ossements trouvés dans les cavernes du Chaffaud, de Lussac et autres, du Poitou.

BIMANES.	Homme.		
CARNASSIERS.	Lion. Tigre. Renard, *vulpes spelæus.* Chat-tigre, *felis antiqua* Hyène, *hyœna spelæa.* Ours, *ursus spelæus.* Serval. Blaireau. Chien, *canis spelæus.*	PACHYDERMES.	Éléphant, *elephas primigenius.* Rhinocéros *tichorrinus ?* Sanglier. Cochon ? Pécari, *sus priscus ?*
		SOLIPÈDES.	Cheval. Ane.
RUMINANTS.	Bœuf, *bos priscus.* Aurochs. Mouton. Renne. Cerf } *megaceros. priscus.* Daim. Antilope.	RONGEURS.	Lièvre. Belette, *mustela diluviana.* Souris, *sorex diluvianus.* Campagnol. Musaraigne.

OISEAUX DE PROIE. — GALLINACÉS.

Il y a beaucoup d'ossements que je n'ai pu déterminer, ayant peu l'habitude de ces sortes de recherches ; mais je me propose de les présenter à M. Lartet, dont l'obligeance et la science me sont parfaitement connues, et je parviendrai ainsi à compléter cette liste.

cement par les eaux (il n'y a jamais de traces de roulis), puis enfouis pêle-mêle jusque dans les plus petites anfractuosités de cavernes n'ayant souvent que des ouvertures très-restreintes? L'eau qui était assez puissante en ce moment pour détruire d'immenses lambeaux de calcaire et n'en laisser que les durs cailloux, frottés, usés comme par la meule d'un lapidaire, cette eau, dis-je, perdait tout son pouvoir destructeur quand il s'agissait d'ossements, et les déposait bien douillettement sur une couche de limon, avec les précautions que prend un collectionneur pour les mettre sur ses tablettes! Cette thèse est insoutenable. Il y a dans toutes ces cavernes des os tellement fragiles et si bien conservés, qu'il est indubitable qu'ils sont restés où fut primitivement apporté le cadavre entier, soit par l'homme, soit par les animaux. A ceux qui ne voient là qu'une tanière de grands carnassiers dont les débris de festins accumulés pendant des siècles auraient servi d'arsenal aux populations qui vinrent s'y fixer plus tard, voici ce qu'on peut répondre : sans nier d'une manière absolue l'intervention de cette cause, il faut la restreindre à de très-étroites limites. Qu'il se soit trouvé quelquefois des cadavres apportés là par les animaux, c'est possible ; mais, dans nos cavernes, tous les ossements sans exception portent la trace de la main de l'homme. Au Chaffaud, il ne s'est pas trouvé, parmi les nombreuses espèces indiquées plus haut, un seul os plat ; ce ne sont que des os longs, tous cassés (1), peut-être pour en extraire la moëlle, comme on l'a déjà dit, mais plus encore pour en faire des outils, car tous ou presque tous sont rompus en forme triangulaire, pareille aux flèches de silex qu'on trouve avec. Leur forme si nette et si caracté-

----

(1) Un *seul* os entier a été trouvé dans la stalactite, c'est le tibia d'un grand ruminant.

ristique me donnait bien la certitude que c'était avec intention qu'ils avaient été cassés ainsi ; mais on pouvait hésiter encore, quand M. Brouillet, en les examinant plus attentivement, reconnut (ce que j'ai vérifié depuis sur maints échantillons) que tous ces os pointus avaient une espèce de marque au pointillé vers l'une de leurs extrémités. Beaucoup aussi portent des empreintes d'instruments tranchants qui ont servi à les diviser. Ce n'est donc pas le hasard, mais une intention bien marquée qui a utilisé ces débris pour en faire des armes.

Pour prouver aussi que ce ne sont pas dans des ossuaires antérieurs à leur époque que les habitants ont été prendre ces os, c'est qu'en examinant attentivement leur cassure, on s'aperçoit qu'elles ont été faites sur des os frais ; la fracture, dans ce cas, est à arêtes beaucoup plus vives ; le grain propre à la texture osseuse y est net et distinct. Comme la ténacité d'un os frais, contenant encore toute sa gélatine, se conserve toujours, les lignes, les points, les figures qu'on y trouve souvent ont cette netteté de contour qui ne se produit plus sur un os dépouillé de sa matière animale. Quand actuellement on brise un de ces os, la cassure est mate, il s'égrène ; si l'on y trace une ligne quelconque avec une pointe fine, des esquilles se soulèvent latéralement et donnent un dessin baveux, terne, qu'il est facile de distinguer de celui qui a dû être fait sur l'os frais.

Puis comment pourrait-on comprendre la masse d'instruments de toute nature, faits soit en corne de cerf ou de renne, etc., que l'on trouve là ? Les poinçons, longs de 15 à 30 centimètres, si effilés, n'auraient certes pas pu, avec de vieux os, avoir la solidité convenable pour les usages auxquels ils paraissent destinés. Quelques auteurs de grand talent, dont l'autorité pourrait accréditer des interprétations

3

douteuses, ont formulé certaines propositions qu'il est bo d'examiner.

MM. Broca, de Castelneau (Bulletin de la Société d'an thropologie, *passim*), ont soutenu, d'après l'examen de quel ques crânes de ce peuple, qu'ils rangent dans les brachy céphales, que c'était une race abrutie, à peine supérieure au gorille, à l'orang-outang, et qu'il faudrait définitivemen classer au dernier degré de l'humanité.

Cette opinion est appuyée par eux sur l'étude craniolo- gique et sur l'examen qu'ils ont fait de ces armes de pierre, les seuls objets qui aient pu nous parvenir après les terribles catastrophes qui les ont enfouis. Or, en comparant les silex du diluvium inférieur (diluvium gris) avec ceux des caver- nes, on reconnaîtra qu'ils sont absolument les mêmes, sauf les caractères spéciaux qu'a pu y imprimer la violence du phénomène qui les a déposés dans ces couches sableuses. Partant de là, il est tout naturel de conclure que, parallèle- ment aux outils en pierre, ils ont fait comme les habitants postérieurs des cavernes, et qu'ils en ont fabriqué également en os, qui ont été détruits par le roulis des courants. En examinant attentivement ce que nous ont laissé ces derniers dans les musées souterrains qu'ils nous ont légués, on peut se convaincre que, sans avoir fait de grands progrès à notre manière, ils avaient cependant déjà quelques idées artis- tiques, qu'ils manifestaient avec plus ou moins d'habileté. Examinons les silex diluviens de la Picardie et du Poitou. (*Voir* plus loin l'historique de leur découverte et leur description.) D'abord ils sont tous choisis judicieusement; c'est toujours un silex dur, parfaitement homogène, qui a été employé; il est très-rare d'y rencontrer des fissures à l'in- térieur. Puis, suivant une forme traditionnelle, et qui variait avec chaque contrée, on l'a clivé par une série de cassures habilement dirigées, de manière à lui donner le galbe voulu ; et tout cela se faisait uniquement à l'aide d'autres silex difficiles à manier, et ne donnant pas un résultat aussi certain qu'auraient pu le faire des instruments de métal. On doit supposer que les carriers de St-Acheul, qui contrefont si bien les haches antédiluviennes, ne sont pas tout à fait des brutes ; ce sont des exceptions dans nos pays. Ils les contrefont si bien, dis-je, que des savants se sont donné la peine de donner tout au long le moyen de discerner les vraies d'avec les fausses. Eh bien, supprimez à ces ouvriers les marteaux en acier, et demandez-leur d'en exécuter quelques-unes avec des cailloux seulement ; je les défie d'en produire une seule passable. Les couteaux, longs de 33 centimètres, comme il en existe dans la collection de M. de Boismorand, à Poitiers, sont des tours de force d'une habileté incroyable. J'ai fait tout exprès un voyage à Meusnes (Loir-et-Cher), où l'industrie des pierres à fusil se continue encore de nos jours. Je me suis adressé à plusieurs ouvriers des plus habiles, et, malgré leurs outils si commodes (pl. XI, fig. 19), il a été impossible à aucun d'eux, même pendant une journée entière, d'obtenir rien qui approchât de la perfection des objets celtiques. On s'étonne que ces peuplades soient restées si longtemps sans faire aucuns progrès ; mais il faut songer aux difficultés qui les étreignaient de toutes parts : violents mouvements du globe, déluges, inondations, qui durent être si fréquents à cette époque, que l'on reconnaît dans nos terrains quaternaires la trace de trois ou quatre révolutions successives qui ont dû tout bouleverser. Les animaux aussi leur faisaient la guerre de toutes parts. Il est facile de comprendre que, dans un tel milieu, qui leur laissait si peu le loisirs, ils n'aient guère eu le temps de songer à autre

chose qu'à leurs besoins immédiats. Si l'emploi des métaux
est un indice de civilisation, je trouve que savoir s'en passer
n'est pas trop malhabile. Prenez donc un de nos paysans les
plus madrés, et jetez-le dans un pays désert, avec des cailloux
seulement pour tout ménage ; nous verrons comment il s'en
tirera. Ne dédaignons donc point ces industries primitives,
et songeons au temps qu'il nous a fallu pour en arriver où
nous en sommes, aidés cependant de toutes les connais-
sances que nous ont léguées nos ancêtres, et de la longue
période de repos géologique dont nous jouissons depuis
longtemps.

Je ne décrirai pas en détail tous les instruments en
pierre ou os que nous avons trouvés dans les cavernes.
M. Brouillet, dans la première partie de cet ouvrage, les
indique tout au long, avec renvoi aux planches. Il est cependant quelques particularités sur lesquelles je m'appe-
sentirai. Voici un résumé des matières employées et des
outils qu'on en a tirés :

Matières.

1 Cristal de roche.	8 Hématite.
2 Silex de toutes couleurs.	9 Oxyde rouge de fer.
3 Quartzites.	10 Oxyde de manganèse.
4 Jaspes.	11 Coquilles marines.
5 Micaschistes.	12 Coquilles fossiles.
6 Amphibolite.	13 Os, cornes diverses et ivoire.
7 Calcaire saccharoïde.	

Outils en silex et minéraux divers.

14 Marteaux.	20 Grattoirs.
15 Noyaux.	21 Couteaux.
16 Haches.	21 *bis*. Scies.
17 Casse-tête.	22 Aiguilles.
18 Lances.	23 Pierres à polir.
19 Flèches.	

Outils divers en os, cornes, etc.

24 Poinçons.	29 Grattoirs.
25 Aiguilles.	30 Amulettes.
26 Poignards.	31 Instruments d'usage inconnu.
27 Lances.	32 Os gravés, sans destination ap-
28 Flèches.	parente.

Il a été trouvé au Chaffaud un morceau de cristal de roche enfumé, qui paraît provenir du Limousin ; il se trouvait dans le fond ; il a subi un commencement de travail.

Les silex sont de toute nature, depuis le silex pyromaque, pierre à fusil, bien transparent, jusqu'au caillou le plus brut. Quelques-uns même sont de véritables agates ; toutes les couleurs y sont représentées : blanc, gris, jaune, rouge, brun, noir ; ils ont dû, pour en avoir réuni autant de variétés, en aller chercher encore assez loin, puisque les jaspes d'Aloüe ne se trouvent qu'à cinq lieues de là. Quelques-uns de ces silex sont décomposés à la surface. Aux cavernes de Lussac, ce phénomène a acquis une grande intensité, à tel point que nous avons trouvé des flèches entièrement converties en cacholong, silex terreux blanc ; dans d'autres, cette décomposition n'atteint que la moitié environ de la pierre : ce sont cependant les mêmes espèces qu'au Chaffaud, où ce phénomène est très-peu développé. Il n'est pas inutile de combattre ici l'opinion de M. Trelat, qui prétend que cette couleur blanche des silex provient de la calcination que leur faisaient subir les Celtes, dans le but de les durcir.

Évidemment ces peuplades avaient trop l'habitude de se servir du silex sous toutes formes, pour ne pas s'apercevoir, du premier coup, que la calcination ramollit le silex, le fait tomber en poussière, et le fait éclater dans tous les sens. Nous avons trouvé dans la caverne de Jioux, près Chauvigny, des silex taillés au milieu de masses de cendres et de charbon ; ils avaient été évidemment jetés dans un brasier ; presque tous, au lieu d'avoir blanchi, étaient devenus rouges : ce qu'on explique fort bien par ce fait que, contenant presque tous des traces de fer à l'état de protoxyde incolore, la chaleur, aidée par l'oxygène, l'a fait passer à l'état de deutoxyde rouge. Ces silex, quand on les examine de près, sont esquilleux et se brisent en mille pièces par le moindre effort. Mais d'où vient cette décomposition superficielle des silex. D'abord il faut observer qu'elle est de deux sortes : dans le premier cas, le silex, habituellement coloré, perd sa nuance à la superficie, qui blanchit plus ou moins profondément, mais conserve sa dureté et son poli : c'est le cas le plus ordinaire ; d'autres, au contraire, comme à la grotte de l'Hermitage, sont entièrement devenus opaques et friables ; tout en conservant leur forme antérieure, ils sont poreux et happent à la langue ; il ne reste plus à l'intérieur de silex translucide : c'est le dernier terme de la décomposition.

J'avais cru que ce phénomène était dû à une déshydratation lente ; mais cette explication ne me satisfaisait nullement,

puisque j'avais remarqué qu'au contraire ces outils blanchis
e trouvaient le plus souvent dans les terrains fréquemment
xposés à l'humidité.

Plusieurs d'entre eux, trouvés à plat dans le diluvium, et
ont la couche supérieure était décomposée, tandis que l'in-
érieure était intacte, me firent penser que l'eau devait en
tre la cause immédiate. Or une analyse m'a confirmé ce fait
'une manière indubitable.

La partie blanche d'un silex presque entièrement décom-
osé m'a donné :

Silice ,	96,04
Alumine ferrugineuse,	1,02
Chaux,	2,85
Perte, eau ?	0,12
	100,00

J'ai enlevé à la meule toute la superficie et mis à nu le
lex translucide ; voici sa composition :

Silice ,	98,21
Alumine ferrugineuse ,	0,95
Chaux,	0,65
Perte, eau ?	0,19
	100,00

C'est donc sous l'influence de dissolutions calcaires agis-
nt lentement sur l'acide silicique, qu'il se forme de petites
antités de silicate de chaux, blanc laiteux ; car la chaux
t combinée, puisqu'elle ne se dissout pas après une longue
ullition dans les acides.

Dans la caverne de l'Hermitage, où la majeure partie des
lex est décomposée, presque tous les os contiennent des

quantités de carbonate calcaire bien supérieures à la somme normale ; la réaction qui a modifié les silex a produit les mêmes effets sur eux.

Les quartzites étaient tous disposés en forme de marteaux ; ils étaient roulés, sans aucune cassure, et avaient été choisis dans les cailloux diluviens des environs.

Les jaspes sont très-nombreux et très-variés ; le plus fréquent est un jaspe jaune ferrugineux, avec des mouchetures de manganèse. J'ai déjà dit qu'il provenait des environs d'Allöue. Il y en avait aussi de verdâtres, avec dendrites dans l'intérieur ; enfin de rubannés de jaune et de noir. Ils sont parvenus à les tailler aussi bien et aussi nets que les silex proprement dits.

On trouve de nombreux morceaux de micaschistes, non roulés, en plaquettes. Ce qui prouve la date reculée de leur enfouissement, c'est qu'il y en a beaucoup de décomposés sur place, et qui tombent en poussière sitôt que l'on y touche. Comme ils sont tous quartzeux, ils ont dû servir à frotter et user leurs instruments en os ; plusieurs, en effet, ont offert des sillons produits par le frottement.

L'amphibolite a été trouvée sous forme d'une petite hachette percée ; elle était à la surface du sol, et paraîtrait postérieure aux autres objets. (Pl. X, fig. 7.)

Il s'est trouvé deux ou trois petites rouelles d'un centimètre environ de diamètre, percées d'un trou pour les enfiler : ce sont des grains de collier semblables à ceux que l'on trouve dans les dolmens ; ces perles plates sont en calcaire saccharoïde, marbre blanc (pl. VI, fig. 12) (1).

_____

(1) Je ne partage point ici l'opinion de M. de Longuemar, qui prétend que ces rondelles sont,.la plupart, des articulations d'encrines, Apiocrinites rotundus (ce serait plutôt l'Apiocrinites Roissyanus). D'abord, elles ne se

J'y ai trouvé un petit poinçon effilé en hématite, sanguine d'Espagne. Comment se sont-ils procuré cet objet, qui pourrait leur être venu de quelque Celtibère?

Un objet excessivement curieux est un fragment de corne d'un petit daim, encore adhérent au crâne qui lui sert de pied. Il est creusé en forme de pot, et est rempli entièrement par une couleur rouge vif, qui ne m'a offert à l'analyse que de l'oxyde de fer très-pur et très-divisé. A quoi a pu servir cette couleur ? La cavité dans laquelle elle est contenue n'a pas plus d'un centimètre de diamètre, et la couleur tout entière peut peser 2 grammes environ. J'ai supposé que l'on avait pu s'en servir pour le tatouage. Du reste, la présence, dans le voisinage, d'os de lièvre (pl. XIX, fig. 9) garnis d'une fine pointe de silex, permet de croire que l'on a retrouvé là tout cet outillage. C'est d'autant plus probable que, non loin de là, j'ai trouvé un rognon d'oxyde de manganèse (Pyrolutite) terreux noir et tachant fortement les doigts.

Quel hasard aurait donc pu apporter ce minéral qui ne se trouve point dans le pays? C'était probablement les deux couleurs de leur palette, rouge et noir, pour s'orner de ces dessins qui ont été de tout temps si en honneur parmi les populations asiatiques et océaniennes (Picti).

Les os que nous avons récoltés dans ces diverses couches et les différentes places de la caverne diffèrent énormément entre eux par leur composition. Dans les uns, en effet, la matière organique se retrouve presque entièrement à l'état de gélatine; dans d'autres, au contraire, on n'en a trouvé que quelques traces.

trouvent pas dans nos contrées ; ensuite, leur texture est éminemment spathique, ce qui leur donne une fragilité qui n'aurait permis d'en percer aucune sans les briser. J'ai cassé plusieurs de ces perles; elles sont toutes en calcaire plus ou moins compacte ou très-finement saccharoïde.

Les premiers ressemblent à des os enfouis depuis quelques centaines d'années; les autres sont aussi friables que des os calcinés, avec lesquels, cependant, il est impossible de les confondre, à cause de leur couleur et de leur conservation. Le tableau suivant, tiré des différents étages géologiques et classé selon l'ordre de leur âge relatif, mettra en évidence cette vérité.

COMPOSITION NORMALE MOYENNE DES OS FRAIS.

	Homme.	Cheval.	Cerf.	Bœuf.	Veau.	Mouton.
Matière animale	60	29	8	32	25	30
Sels et phosphates terreux	40	74	92	68	65	70

COMPOSITION DE DIVERS OS FOSSILES.

Gisements.	Espèces d'os.	Matière animale.	Phosphates terreux.
Étage bajocien	Pœkilopleuron de Buckland	2	98
— callovien	Plésiosaure	5	95
— —	Ichtyosaure	7	93
— albien	Os ?	8	92
— parisien	Anoplothérium	0	100
— diluvien	Hippopotame	5	95
Cavernes	Élan	48	52
— —	Ours	14	86
— Mialet	Os humains	7	93
— —	Os d'ours —	10	90
Tumulus celtique	Os humains (Fontenay le Marmion)	10	90
Tombeau romain	Os d'enfant	0	100

Ainsi nous trouvons 7 0|0 matière animale dans un os de l'étage callovien, et 7 seulement dans ceux de la caverne de Mialet; point du tout dans l'Anoplothérium de Montmartre, ni dans un squelette de la période gallo-romaine; ces époques sont cependant séparées entre elles par des centaines de mille ans.

Voici maintenant quelques analyses que j'ai faites d'os de nos cavernes; ils ont été préalablement séchés à 100 degrés (1):

		Matière animale.	Phosphates terreux.
Os de bœuf :	fémur	28	72
—	, mâchoire	16	84
—	dents	3	97
Os de cheval :	sabot	5	95
—	1re phalange	1	99
—	2e phalange	3	97
—	tibia	18	82
—	Os styloïde	3	97
Cornes de cerf ou renne		1	99
—		5	95
—		3	97

Il est facile de comprendre que le milieu dans lequel ces os se sont trouvés, lors de leur enfouissement, a dû influer énormément sur leur composition. J'ai remarqué, contrairement à ce qu'en dit M. Girardin, que ce sont les couches argileuses du fond, qui sont cependant les plus anciennes, qui ont le mieux conservé les os. On conçoit, en effet, que les argiles bien tassées et à l'abri de l'humidité sont imperméables à l'oxygène de l'air, le principal agent de ces destructions organiques, tandis que les couches plus poreuses tamisant l'air, l'ozonisant peut-être comme dans la formation du salpêtre, le présentent dans un état infini de division bien propre à engendrer des combinaisons ; de là cette anomalie que, tandis que la couche intermédiaire était toujours celle qui contenait les ossements les plus profondément décomposés, ceux du limon rouge l'étaient peu; ceux de la surface, peu ou point du tout. La grotte, étant très-sèche, les

(1) Girardin, Académie des Sciences, comptes rendus, octobre 1842.

maintenait dans des conditions de conservation pareilles à celles des momies égyptiennes qui, au bout de 4 mille ans, gardent encore toute leur matière gélatineuse.

Un objet excessivement curieux est un morceau d'ivoire scié sur trois faces, et avec un commencement de travail pour en former une espèce de poinçon plat. Il est recouvert de dendrites de manganèse excessivement friable, et paraît bien avoir été, d'après ses vives arêtes, scié sur un morceau frais. Ces animaux existaient donc dans le pays en même temps que les ouvriers qui mettaient en œuvre leurs débris ; je pense que la conclusion est assez naturelle (1).

J'ai déjà parlé des marteaux en quartzite, ainsi que des noyaux ; je n'y reviendrai pas. Un petit bijou très-remarquable est la pierre percée trouvée dans la caverne de Jioux ; c'est une pyramide tronquée en quartz limpide, contenant beaucoup de fissures à l'intérieur ; le haut est percé très-grossièrement mais très-nettement de main d'homme ; il a pu servir soit d'amulette, soit de pendant d'oreille.

A la superficie et dans la couche cendreuse, j'ai trouvé une petite hachette en cristal de roche, fort bien faite et percée d'un trou pour la suspendre. (Planche X, fig. 7 bis.) Sa forme et sa matière me porteraient à la classer parmi les objets de l'époque celtique où l'on a employé principalement les roches des Alpes. Aucune pierre de nos pays n'aurait pu la percer, tandis que, dans les Alpes, le corindon n'est pas rare, et ce ne peut guère être que cette gemme qui a pu venir à bout d'un corps aussi dur. Les autres trouvées à la superficie ont été décrites par M. Brouillet, page 28.

Les morceaux que l'on suppose avoir servi pour monter des lances peuvent aussi bien avoir servi de flèches pour des

(1) La majeure partie des os de la couche de *Lœss* sont couverts de dentrites ou incrustations de manganèse.

gens vigoureux (1). Ce sont généralement des éclats de silex
taillés sur le morceau encore volumineux ; leur forme est
moins effilée que celle des flèches ; l'extrémité se termine en
amande ; souvent aussi on aperçoit un travail accessoire,
qui consiste en une série de petits éclats enlevés de la circon-
férence, dans le but de rectifier la forme et d'adoucir la viva-
cité du tranchant qui aurait été trop fragile et peu maniable.
Dans ce genre, la grotte de l'Hermitage nous en a offert une
série en forme d'amande, qui sont de petits chefs-d'œuvre
d'habileté et de patience.

Les pointes de flèches sont à vives arêtes, très-aiguës, à 3
ou 4 pans. (Planche XX bis, fig. 17; planche XI, fig. 11 et 12.)
Généralement elles ne sont pas retouchées. Une grande
quantité étaient cassées.

Un outil bien singulier, et qui devait leur servir en maintes
occasions, est le grattoir. (Planche XI, fig. 15; planche XIX,
fig. 3, 4; planche XX bis, fig. 4; planche XXIV et ailleurs.)
Plusieurs se sont trouvés emmanchés dans des cornes de
cerf, et, d'après la manière dont ils sont fixés, il est évident
qu'ils ne servaient pas à frapper, mais seulement à gratter.
Nous avons supposé que l'on remplaçait par là nos ciseaux
et nos gouges pour creuser le bois, en faire des coupes, des
outils, peut-être des ustensiles de ménage.

Un autre usage probable, c'est la préparation des peaux,
qu'ils râclaient pour enlever les débris de viande qui pouvaient y adhérer et qui eussent compromis leur conservation.
Du reste, on retrouve ces mêmes objets et en quantité dans le
diluvium de nos contrées. Les nos 1 et 2, planche XIX, ont dû
servir d'instrument contondant, car la gaîne était percée d'un
trou ovale pour y adapter un manche.

(1) Pictones (les hommes aux gros javelots). (Les *Druides*, de Bouché de
luny.) La majeure partie des silex taillés en javelots que l'on trouve dans
os cavernes devaient en faire des armes lourdes et dangereuses.

Parlons maintenant des couteaux. Les silex que l'on désigne sous ce nom sont généralement des éclats de 10 à 15 centimètres de longueur, très-aigus sur leurs arêtes, ayant rarement une pointe, terminés par un bout arrondi ou carré; ils ne sont ni aussi longs ni aussi larges que ceux trouvés dans les dolmens et que j'ai cités plus haut; mais tels qu'ils sont encore, ce sont des instruments faits avec beaucoup d'adresse.

En effet, enlever un éclat de 1 à 2 cent. de large dans une longueur de 15 à 18 cent., sur un silex et par un seul coup, n'est pas chose aisée. L'attribution que l'on donne à ces grandes lames tranchantes se trouve de tous points confirmée par ce fait, que la très-grande majorité a été trouvée autour d'un foyer qui avait servi de réunion pour un festin. Enceinte circulaire de pierres brutes, cendres, charbons, ossements, enfin les couteaux, rien n'y manquait. (Planches XI et XI *bis*.)

Quand ces couteaux étaient ébréchés, ou même avant, on les dentelait avec beaucoup de délicatesse et de soin, et l'on en formait des scies, dont nous avons trouvé cinq ou six spécimens. Si on ne les eût pas trouvés, on aurait pu en soupçonner l'existence en examinant avec soin les nombreux morceaux de cornes de cerf qui nous offrent les traces du passage de cet outil. Voilà donc un atelier assez complet pour confectionner beaucoup de meubles domestiques: marteaux, haches, ciseaux, gouges, scies, couteaux, râcloirs, rien n'y manquait, si l'on vient y ajouter les derniers objets de cette série. On trouve avec tous ces objets une multitude de petits éclats de silex souvent quadrangulaires, toujours un peu curvilignes, offrant l'apparence d'un clou sans tête, longs de 2 à 4 centimètres. On aurait pu les prendre de prime abord pour des éclats détachés, dans le but de perfectionner la forme des flèches ou couteaux ; mais une inspection attentive fait bientôt changer d'avis. Ainsi, tandis que les flèches, couteaux ou simples éclats sont sans retouches, ces petits poinçons ont toujours un ou deux côtés, qui ont été travaillés avec une peine et un soin infinis pour les amener à la forme requise. J'avoue que leur attribution à telle ou telle destination est assez difficile. Sont-ce des aiguilles? Ils en avaient en os de plus commodes. Etaient-ce des pointes pour armer de petites flèches? Alors à quoi bon ce travail supplémentaire pour des objets qui se perdaient si souvent. Ne serait-ce point des instruments de chirurgie ou de tatouage? Il est à croire qu'ils savaient se saigner, il est probable qu'ils se tatouaient ; mais tout cela n'explique pas la grande quantité de ces pointes aiguës.

Enfin, les derniers minéraux que l'on rencontre sont des micaschistes, quelques grès portant l'empreinte des sillons qu'y ont creusés les os qui y ont été frottés. Je dis les os, car, parmi les silex, pas un seul ne nous a fourni trace d'usure par frottement.

Passons à leurs ustensiles d'os ou de cornes ; la majeure partie a été taillée dans des cornes de cerf, renne ou élan. Un tronçon quelconque étant donné, il était scié longitudinalement jusqu'à la partie médullaire interne, de manière à en former cinq à six morceaux allongés, qu'on taillait ensuite suivant l'usage auquel il était destiné. Cette première mise en œuvre n'est point une hypothèse ; nous avons des spécimens de ce genre de travail à tout état d'avancement, et qui en sont restés là. Le morceau était ensuite façonné de manière à ce que la partie superficielle de la corne formât la pointe ; ils laissaient toujours en dessous la partie spongieuse, dans le but, je crois, de rendre ces outils moins glissants dans la main.

Poinçons. (Planche **XXI**, nᵒˢ 10, 14 et 16.) — Leur forme ne permet pas de leur supposer un autre usage que celui de faire des trous dans les peaux qui leur servaient de vêtements.

Aiguilles. — Il en a été trouvé un grand nombre et de très-belles, malheureusement souvent cassées, mais seulement lors de l'extraction. Ce sont de longs morceaux de corne de cerf de 5 à 25 centimètres, très-effilés et creusés dans toute leur étendue d'un sillon longitudinal qui paraît avoir eu pour but de passer une lanière, en même temps qu'on l'introduisait dans la peau. Ils ont eu soin, pour que le glissement soit plus facile, d'enlever la couche poreuse interne qui se retrouve sur tous les autres outils. L'extrémité inférieure est toujours aplatie avec soin et sillonnée de plusieurs lignes transversales, pour les tenir mieux à la main. Il y en a à extrémité mousse, qui ne pouvaient servir que quand le trou avait été percé d'avance avec un poinçon. (Planche **XXI**, fig. 6.) La figure 19 représente un fragment arrondi percé d'un trou à son extrémité; mais je doute qu'il ait servi d'aiguille. C'était plutôt quelque amulette du genre de celles que je décrirai bientôt.

Poignards. — Sous ce nom, je comprendrai presque tous les os styloïdes que l'on a trouvés. L'extrémité est façonnée en pointe forte et solide. (Planche **XVIII** *bis*, fig. 6.) C'est un os de cheval.

Le poignard planche **VI**, fig. 7, a au moins 25 cent. de longueur; il a été trouvé dans le tumulus de Brioux; il appartient maintenant à M. Charvet. C'est bien évidemment un os styloïde analogue à celui du cheval, mais deux fois plus long; je ne sais à quel animal on peut l'attribuer. Ces os se sont trouvés en assez grand nombre et tous travaillés.

Lances. — C'est dans cette série qu'il faut placer cette

immense quantité d'os simplement cassés, mais avec une persistance de forme qui prouve que ce n'est pas un accident fortuit, mais bien le résultat d'un effort évidemment intentionnel. (Pl. XX, fig. 6 et 8; pl. XXI *bis,* 26, 27, 28.)

On a choisi ceux-là de préférence comme offrant un travail supplémentaire à la cassure primitive. Les éclats de forme triangulaire pareille aux flèches ne sont point rares. Enfin, comme je l'ai fait déjà remarquer, la majeure partie est ornée d'un piquetage qui était une marque particulière dont nous ignorons le but.

Il a été trouvé deux ou trois os façonnés en flèches assez bien travaillées, une surtout, barbelée, décrite par M. Brouillet, page 54.

J'ai donné, faute de mieux, le nom de grattoirs à une série d'outils qui se sont trouvés assez fréquemment, mais dont il est difficile de deviner l'usage; ce sont cependant les mieux conservés. (Pl. XVIII, nᵒˢ 12, 13 et 14; pl. XXI, fig. 3, 5, 7, 8, 11, 17, 21.)

Ils sont méplats, mousses d'un bout et aplatis de l'autre, en forme de spatule épaisse. Très-souvent ils sont ornés de dessins. Le dessous offre toujours la partie médullaire, qu'on ne s'est pas donné la peine d'enlever. On pourrait croire qu'ils ont servi à détacher les peaux des animaux abattus à la chasse. Leur extrémité plate et bien arrondie les rendait fort propres à cet objet. On en trouve, du reste, de beaucoup plus petits, faits généralement de fragments de côtes, qui ont paru avoir servi aux mêmes usages, mais sur des animaux infiniment plus petits. (Pl. XXI, fig. 12, 18; pl. XIX *bis,* fig. 10.)

Parmi les ouvrages qui n'ont trouvé place dans aucune des catégories précédentes, je mentionnerai une corne de cerf arrondie d'un bout et aplatie de l'autre, à l'extrémité

4

de laquelle on a ménagé une fente, assez profonde pour 1
faire ressembler exactement à une navette à fabriquer les fi
lets ; puis aussi un autre morceau taillé grossièrement e
peigne à cinq dents, qui devait être peu efficace pour dé
brouiller les plantureuses crinières que l'on peut suppose
aux habitants de ces cavernes. C'est à peu près le seul instrument de toilette qui soit parvenu jusqu'à nous.

Il ne nous reste plus à parler que de ces os gravés et sculp-
tés si curieux, et qui n'ont encore été retrouvés nulle part.
Je crois qu'il serait téméraire de vouloir leur donner une in-
terprétation absolue; cependant je hasarderai quelques suppositions.

D'abord, dans les dessins vagues qui se retrouvent sur une
multitude d'entre eux, il ne faut voir que le caprice indivi-
duel d'un sauvage inoccupé, qui ornait ses ustensiles à sa
manière ; les zigzags, les triangles, quelques ovales forment
le fond de cette ornementation primitive, qu'on retrouve tout
entière sur les poteries celtiques un peu postérieures. (*Voir*
les pl. de XVIII à XXI.)

Les pl. XXIII, XIX, XIX *bis*, XX, XXI, nous offrent,
dans certains numéros, les plus curieux échantillons de figures diverses.

Le n° 7, pl. XX, est-il une représentation de la lune, le fé-
tiche de quelque Chandras (1)? Par contre, les n°s 17, pl. XVIII;
7, pl. XXI, ressemblent au soleil, qui n'était révéré que
par les Sourias, enfants du Soleil, dans le royaume d'Oude.
La simultanéité de ces deux images, évidemment contemporaines, pourrait nous faire admettre que les deux cultes
avaient leurs adeptes dans le même pays, au moment de l'é-
migration et de la séparation des diverses branches; nous en

(1) Enfants de la Lune, qui habitaient le royaume de Delhy.

aurions un autre indice dans ces représentations de serpents nimbés (pl. XX, fig. 3, et XXI *bis*, fig. 29), qui rappellent le culte des Nagas, que les Indous ont adorés sous forme de serpents. J'avoue que je n'attache pas grande importance à ce rapprochement, peut-être fortuit.

Toutes ces figures, ainsi que les autres, ne paraissent être que la représentation des objets qu'ils avaient sous les yeux. Il n'y a que ces rayons qui entourent la tête des serpents et la boule qui est à l'extrémité de l'un d'eux qui soient embarrassants.

Quelques autres figures ont la prétention de représenter des figures humaines ; c'est tout à fait le style des enfants de cinq ans : il y a deux yeux sur une face de profil, et des doigts qui ressemblent à des pointes plantées au bout d'un bâton. (Pl. XX, fig. 2.) Au-dessus se trouve un signe inexpliqué, qui représente un ovale allongé, surmonté d'une espèce de croix à trois traverses décroissantes. Le même dessin a été retrouvé sur quatre ou cinq instruments divers.

Sur un autre os, trouvé à l'Hermitage, existe une très-grossière représentation d'un cheval; il n'y en a qu'une partie. (Pl. XXV *bis*, nᵒ 19.) La planche XXI *bis* nous offre, nᵒ 23, un oiseau de forme peu distincte, les ailes éployées. Mais, sans contredit, le plus curieux est un quadrupède (fig. 22) qui ressemble à un sac arrondi, et dont le museau se termine en une espèce de grouin allongé comme celui du tapir. Est-ce une image fantastique ou le portrait réel d'un des animaux qui leur servaient de pâture ? Tout porterait à le croire, car leurs dessins ne brillent généralement pas par l'imagination.

Nous abordons ici la question, sans contredit, la plus épineuse : je veux parler des inscriptions (pl. XX *bis*). La première difficulté que j'y rencontre, c'est que j'ignore absolument les langues auxquelles elles pourraient appartenir. Je

les ai montrées à quelques savants, qui ne m'en ont pa
donné d'explication satisfaisante. En dernier lieu, je les ê
envoyées à M. Pictet, l'éminent linguiste de Genève. Que con
clure de sa réponse (1)?

(1) « *Genève, 24 mars 1864.*

» Monsieur,

» J'ai reçu la lettre que vous m'avez adressée en date du 15 courant, et pa
laquelle vous voulez bien me demander mon opinion sur les caractère
énigmatiques que présentent quelques-uns des os travaillés dont les dessin
accompagnent votre envoi. Je les ai examinés avec tout le soin possible, e
voici les résultats auxquels je suis arrivé :

» Ce sont d'abord, sans aucun doute, des caractères alphabétiques *sanscrit*
plus ou moins correctement tracés. Cela saute aux yeux de prime abord, à
cause de la barre supérieure à laquelle ils sont tous comme suspendus, ce
qui est un trait distinctif de l'écriture sanscrite. Cela résulte mieux encore de l'examen des détails dont les coïncidences multipliées ne sauraien
être attribuées au hasard.

» Les lettres les plus correctement tracées sont les trois voyelles *a, ê* et *i*
comme le montrent les rapprochements suivants :

» Le ![glyph] qui se trouve à la première et à la quatrième ligne de la côte de
bœuf, ainsi que sur l'os cassé en forme de lance, n'est que le ![glyph], *a* sanscrit. A la fin de la seconde ligne, il est renversé par erreur.

» Le ![glyph] de la seconde ligne représente exactement le sanscrit ![glyph], *ê.*

» Le ![glyph] de la quatrième ligne reproduit très-fidèlement aussi le ![glyph], *i*
sanscrit.

» Les consonnes sont rendues d'une manière moins correcte, mais on peut
les reconnaître avec assez de certitude.

» Ainsi le ![glyph], répété deux fois à la première ligne, et deux fois sur l'os
en forme de lance, représente, sans doute, le ![glyph], *t* sanscrit.

» Le ![glyph] de la seconde ligne, répété sur la gaîne du grattoir en silex, ressemble beaucoup au ![glyph], *h*, forme un peu plus ancienne que le ![glyph] actuel.

» Le ![glyph] tracé sur le phallus est exactement ![glyph], *bh*, variante du ![glyph], *bh*,
ordinaire, et le ![glyph] de la quatrième ligne semble seulement inachevé.

» Le ![glyph] de la troisième ligne, qui reparaît sur le phallus, me paraît être
un ![glyph], *k*, incorrectement tracé.

Le n° 11 est faiblement apparent, par suite de l'incru-
station calcaire qui remplit les creux : c'est une côte de bœuf

» Le ⬚ qui précède a tout l'air d'un ⬚, m, tourné à l'envers, comme
l'a de la seconde ligne.

» Je laisse de côté le n° 4 de la première ligne, le n° 3 de la seconde, et
le n° 1 de la troisième, les seuls dont l'identification reste douteuse.
Le ⬚, tout en haut, n'est pas sanscrit, mais ressemble tout à fait au
⬚, th, de l'ancien pâli.

» J'ajouterai que tous ces caractères sont isolés, et ne forment pas des
mots, ce qui ne saurait se concilier avec le système de l'écriture sanscrite,
qui n'emploie les lettres-voyelles qu'au commencement des mots, et n'ex-
prime ailleurs les voyelles que par des appendices aux consonnes, sauf
pour l'a bref, toujours sous-entendu.

» Que conclure de tout ce qui précède ? Que ces caractères remontent à l'é-
poque celtique ? ou même à l'âge de pierre ? En aucune façon, car il se pré-
sente une objection insurmontable. Ces caractères appartiennent tous à
l'alphabet appelé *dévanâgari*, qui est relativement très-moderne, et n'a
commencé à être en usage que vers le IX° siècle de notre ère. L'ancien alphabet sanscrit, usité quatre ou cinq siècles avant Jésus-Christ, en diffère
complétement, comme on peut le voir par les tableaux comparatifs publiés
par *Prinsep* dans le *Journal asiatique du Bengale*, n° 75, mars 1838. Je ne puis
donc que vous engager à la plus grande circonspection quant aux conclusions à tirer. Ces os ont-ils été trouvés en place par vous-même, ou vous
sont-ils arrivés de seconde main ? Dans quelle portion des cavernes, dans
quelle position, dans quelle couche stratifiée ont-ils été découverts ? Les
caractères sont-ils peints ou gravés ? Et, dans ce dernier cas, ne peut-on pas
reconnaître les indices d'un travail récent ? S'il y a eu supercherie, il semble qu'on doit pouvoir en découvrir quelque indice. Je vous serai, en tout
cas, fort obligé de me tenir au courant de la question, et fort heureux de
recevoir votre publication, qui ne peut manquer d'offrir un grand intérêt.

» Veuillez, en attendant, agréer l'assurance de ma parfaite considération.

» Adolphe PICTET. »

La réponse est très-simple : l'os a été recueilli dans la stalagmite ; ces
lettres en creux en sont encore à demi obstruées. Pour conclure, quand
un savant comme M. Pictet n'ose rien décider, il serait téméraire de ha-
sarder aucune hypothèse. Un seul fait est notoire, ces os ont été trouvés
sous une stalagmite, pêle-mêle avec des os d'hyène, d'ours, d'aurochs, etc.,
dans une position bien définie. C'est M. Brouillet et moi qui les avons
trouvés nous-mêmes, et dans un terrain vierge de toute fouille.

sur laquelle ces caractères sont gravés ; elle est fraîchement cassée du haut ; il m'a été impossible de retrouver l'autre morceau. Ce sont évidemment des caractères phonétiques, et un aussi grand progrès dans la civilisation ne s'accorde guère avec ce que nous en avons vu plus haut. Tous les autres os avec lettres se trouvent dans le même cas.

Le n° 12 ne paraît point appartenir à la même série ; la disposition des signes en échiquier pourrait correspondre à quelque jeu, à quelque formule théurgique. J'ai vu des caractères mexicains qui y ressemblaient un peu.

Dans le doute, abstiens-toi ; c'est ce que je fais ici. Ce n'est pas de ma compétence, et je craindrais d'avancer des sottises. Avec les dessins, qui sont très-exacts, chacun les interprétera à sa guise. — Le n° 15 est taillé en Phallus Lingham de l'Inde.— Le n° 14 est un cornillon de cerf garni d'un grattoir qui est fixé à l'extrémité. — 18 est un os cassé en pointe de lance. Tous ont été trouvés dans la couche de limon jaune ; à l'exception du n° 11, qui était adhérent à la partie inférieure de la stalagmite. Nous avons encore quelques objets à décrire ; ce sont les amulettes diverses qu'on y a trouvées. Sous ce nom, je confonds des substances très-distinctes, mais dont l'usage a dû être le même ; ils étaient portés suspendus soit comme objets de culte, soit comme ornements. (Pl. XXI *bis.*) — N° 31. On voit une figure grossièrement sculptée qui représente une tête de crocodile ou de poisson ; deux yeux énormes sont placés horizontalement sur le dessus de la tête, qui est garnie de dents formidables. Un large trou est percé à l'extrémité pour la suspendre. La matière semble être un os de cerf. Elle a été pointillée dans toute son étendue et est fort bien conservée. (Pl. XXI, fig. 1.) Une petite ramure de corne d'élan ou de daim parfaitement taillée et polie, percée d'un trou de suspensiom. L'extrémité porte un léger dessin qui pourrait la faire ressembler à une tête de chien. Un morceau est perdu. (Même pl., fig. 2.)

Une ammonite en fer hydroxydé passant au fer magnétique (elle attire le bareau aimanté). Cette propriété est due probablement à une réduction partielle de l'oxyde, par les matières organiques avec lesquelles elle était enfouie. Elle est usée à la superficie et percée d'un trou au centre : on voit qu'elle a été longtemps portée. Il en a été trouvé une autre par M. Gaillard de la Dionnerie, qui paraît avoir servi au même usage. Ce sont des ammonites du lias. J'y ai trouvé deux oursins silicifiés, entre autres le Cidaris corona. Ils n'appartiennent point au terrain et ont été apportés là. Quelques auteurs bâtissent là-dessus une multitude d'hypothèses. C'était l'œuf de serpent destiné à régénérer le monde, etc. Je pense qu'il a été récolté en cherchant des silex à tailler, uniquement à cause de sa forme symétrique assez gracieuse, et probablement pour amuser des enfants. Il ne faut pas faire nos pères plus mystiques qu'ils n'étaient, et bâtir des pyramides sur la pointe d'une aiguille. Tous les jours, les paysans de nos campagnes, qui en trouvent (car rien n'est plus commun), les rapportent à la maison et en font l'ornement de leurs cheminées ou l'amusement de leurs enfants.

De l'ensemble de ces observations, quelles sont donc les conclusions que l'on pourrait déduire. J'ai bien peur ici de m'exposer encore à certaines colères rancuneuses, tenaces et de parti pris, que je sens déjà gronder sourdement. Invectives, personnalités, reproches d'ignorance ne seront point épargnés, mais je m'en soucie peu. Que ceux qui n'ont jamais commis de bévues me jettent la première pierre, et je suis sûr de n'être point lapidé. Dans ces études historiques, qui sont encore un peu abstraites, faute de monuments suffi-

sants, si l'on s'en tient toujours avec timidité aux faits strictement acquis, la science ne fera pas un pas. Croit-on
que les premiers chimistes qui affirmèrent l'existence de
l'oxygène, de son poids, de sa fixation par les métaux, n'é-
taient pas des gens hardis, des abstracteurs de quintessence,
comme dit Rabelais. Ils n'avaient, en effet, à l'appui de
leur théorie, ni analyse, ni synthèse; un coin du voile sou-
levé leur avait cependant permis de trouver la réalité.
Ainsi faut-il faire ici. A défaut de chroniques du temps,
reconstruisons l'histoire par les monuments, les outils
et toute la technologie fossile que l'on exhume maintenant
de toutes parts. Une nombreuse légion de pionniers est à
l'œuvre, et la fin du XIXᵉ siècle verra reproduire dans l'histoire des races humaines ce que son commencement a enre-
gistré, sous la dictée de Cuvier, pour la reconstruction de ces
grandes races perdues des premières époques géologiques.

La période des cavernes, dont je viens de m'occuper briè-
vement (les longs ouvrages me font peur), pourrait donner
lieu aux conclusions suivantes :

Une migration, partie de l'Asie, est venue peupler nos
climats vers et après 13901 (1).

Ces peuples n'emportèrent de leur patrie que quelques
souvenirs des arts, qui y étaient alors florissants.

Les migrations, en effet, enlèvent rarement les artistes
qui vivent à l'aise dans leur pays. Ce ne sont généralement que les gens de classes pauvres, chargés d'enfants,

---

(1) Les preuves de cette date se multiplient. M. Horner fit fouiller des alluvions anciennes du Nil, et trouva, à une certaine profondeur, des poteries
et instruments en silex analogues à ceux que nous trouvons dans les cavernes. Or, en prenant la hauteur de ces alluvions, et connaissant celle que
laisse régulièrement le Nil chaque année, il en est arrivé à conclure que ces
objets étaient là depuis environ 15,000 ans.

abreuvés de misère, qui se décident à abandonner le doux sol
de la patrie. Les Irlandais, qui vont peupler l'Amérique du
Nord, doivent donner une idée bien imparfaite de l'état des
arts dans l'industrieuse Angleterre.

Cette liberté sans limite, dans un pays absolument désert,
les nécessités d'une vie qu'il fallait acheter et disputer tous
les jours aux animaux déjà possesseurs du sol, ramenèrent
peu à peu ces nomades à un état d'enfance, de sauvagerie primitive ; ils ne gardèrent en fait d'arts que ceux strictement né-
cessaires à leur nourriture, leur défense et leur conservation.
Aussi ne trouvons-nous que des silex et des os pour armes
et ustensiles de toutes sortes, et encore n'ont-ils jamais songé
à les polir, à leur donner une forme ou plus commode ou
plus attrayante à l'œil par un polissage subséquent. Leur
religion dut être le fétichisme, si l'on s'en rapporte à ces
quelques amulettes représentant des animaux divers , le
chien, le crocodile, le serpent, que l'on a trouvées dans leurs
demeures. La peur a été souvent le commencement du res-
pect, plus tard, de l'adoration, et l'*oderunt quem metuunt* ne
s'est jamais justifié en fait de culte. Le tonnerre avec ses me-
naces et ses brutalités effrayantes , les fleuves avec leurs
gouffres dévorants, la mer avec ses vagues furieuses et irrésis-
tibles, ont toujours été, dans l'ordre physique, les premières
divinités honorées par la terreur ; les animaux malfaisants,
serpents venimeux , tigres, lions , ont aussi eu leur culte.
Moïse n'a-t-il pas érigé sur une pierre un serpent d'airain
pour offrir en hommage aux Hycsos , ces impurs chassés
d'Egypte par les autochthones, et les guérir de leurs maladies
par son simple aspect. A la crainte s'est venu joindre un
autre sentiment, celui de la reconnaissance pour les bien-
faits que le soleil, la lune rendent évidemment aux habitants de notre planète. Mais ces peuples , essentiellement

chasseurs, n'ont pas dépassé les limites du fétichisme le plus naïf, et ne se sont jamais élevés aux conceptions plus savantes du sabéisme, qui suppose des populations pastorales et agricoles, et ayant, par conséquent, besoin de connaître les révolutions périodiques des astres, qui, en assignant un retour fixe pour chaque saison, permettent de régler les cultures sur cette connaissance. De là cette multiplicité de dieux et de déesses dont étaient peuplés dans l'Egypte tous les coins du ciel, et dont ils nous ont laissé dans tous les genres de si nombreux spécimens. Ici rien de semblable : le culte des morts, si bien affirmé par leurs monuments funéraires, dut les conduire tout naturellement à la croyance à l'immortalité de l'âme ; car la vénération, les soins dont on entourait un cadavre ne pouvaient pas s'adresser à une simple dépouille charnelle, mais à l'âme, que l'on croyait aller vers d'autres lieux, le soleil par exemple. Il est si pénible de croire que ce que l'on a aimé sur cette terre est anéanti sans retour ! Il faut entasser trop de sophismes pour croire au néant, et l'on croit doucement et sans effort à ce dogme consolant de notre immortalité. C'est la meilleure part, sans contredit, de l'héritage de nos sauvages ancêtres.

Diluvium.

Il paraîtra singulier que l'on place ici des découvertes et des phénomènes antérieurs à ce que l'on a décrit jusqu'ici ; la raison qui nous y a obligé, c'est qu'ils n'ont été étudiés que bien postérieurement aux précédents, et, le travail étant imprimé pour les cavernes, j'ai dû nécessairement mettre celui-là à la suite. Dans le résumé très-succinct que je donne à la fin, je rétablis l'ordre légitime des faits. Ces découvertes de M. Boucher de Perthes, si longtemps niées et qui commencent à être admises par tous les savants qui se donnent la peine d'examiner, ces découvertes, dis-je, pour lesquelles il a fallu à son auteur tant de persistance et de courage, seront, je l'espère, bien fécondes. C'est un nouveau champ d'investigations ouvert à tous ceux qui s'occupent de géologie et d'archéologie, à ceux qui cherchent à débrouiller le chaos des origines de l'humanité. Ces débris de l'industrie humaine, trouvés pêle-mêle avec les ossements des grands pachydermes des terrains quaternaires, ont été trouvés d'abord à Abbeville, ensuite à Amiens par M. Boucher, puis dans les environs de Paris par M. Gosse, dans Loir-et-Cher par le marquis de Vibraye. Je viens de les retrouver et en immense quantité dans les *sablières* de Poitiers, et à dix lieues aux environs dans les terrains diluviens les mieux caractérisés. Aussi le grand nombre d'outils de tous genres que j'ai trouvés dans cent gisements distants souvent de plus de dix lieues, et l'uniformité de forme de ces instruments doivent faire croire qu'avant la période diluvienne des géologues, la race humaine était infiniment plus développée qu'on ne le croit généralement. Quand M. Boucher de Perthes trouva ces traces d'une industrie aussi reculée, on s'évertua de tous côtés à la nier d'abord, à en amoindrir l'importance et à ne voir là qu'une exception due au hasard le plus fortuit. Dieu sait ce qu'il a été employé de papier et d'encre pour combattre des faits si notoires. Que d'esprit et de temps qui auraient été mieux employés à soutenir ces découvertes, qui sont passées dans le domaine des faits.

Quelles sont les causes de cette négation persistante d'une vérité si bien démontrée?

Pour quelques-uns, c'était la religion de l'école. Cuvier ne l'admettant pas, *magister dixit*, il n'y a rien à répliquer. C'est une manière de voir qui a quelque raison d'être, mais qu'il ne faut pas pousser jusqu'à l'absurde. Les sciences doivent toujours admettre les nouveaux faits, en se réservant le droit de les contrôler par les récentes données que la science enfante tous les jours.

Pour beaucoup d'autres, ce n'a été que le prétexte à une opposition qui fait toujours rechercher d'autant leurs ouvrages, que ceux qu'ils combattent paraissent plus vraisemblables et sensés et ont plus de retentissement. La science et le travail des uns font le succès du verbiage des autres : n'y a-t-il pas toujours de l'ombre où il y a du soleil!

Ce qu'il y a de plus incroyable, c'est que souvent des chroniqueurs, qui combattent le plus âprement les déductions très-naturelles que tirent les savants qui se sont occupés de cette question, avouent naïvement qu'ils n'y connaissent rien, qu'ils sont tout à fait incompétents. Ce sont des aveugles qui s'érigent en jury pour distribuer les récompenses ou le blâme aux peintres de nos musées (1). Heureusement il y a de très-brillantes exceptions.

(1) C'est ce que faisait dernièrement M. Grimaud (de Caux), dans le feuilleton de l'*Union* du 27 mars. Jamais on n'avait vu attaquer avec autant d'outrecuidance et de grossièreté des savants aussi distingués que MM. Lartet et le marquis de Vibraye. Après avoir déclaré qu'il se sent *tout à fait incompétent dans ces matières*, il n'examine même pas superficiellement la question, et conclut que leurs hypothèses, bien qu'étayées sur des faits, doivent *les conduire droit à l'absurdité.*

L'absurdité, dit-il, *n'est pas tolérée à l'Académie des sciences.* — C'est probablement de peur de passer pour absurde qu'il a développé jadis et très-longuement devant l'Institut des vérités de la force de celle-ci (*Académie des sciences*, 13 octobre 1862) : « Le carbonate de chaux dans les eaux n'est » pas nécessaire à une bonne alimentation; il faudrait plutôt l'éviter. » Mais les cuisinières savent toutes que l'on ne peut pas cuire de légumes avec de l'eau *crue*, c'est-à-dire calcaire, et l'Académie a dû bien bâiller en entendant cette thèse renouvelée de la Palisse.

Je ne parlerai point de ces heureux habitants de Vienne (*Académie des*

Retournons à notre sujet. Ce que je vais affirmer n'est point un paradoxe, c'est un fait, et qui m'est tous les jours plus amplement démontré. D'après mes recherches récentes, je suis certain que la présence d'instruments dans le diluvium n'est point un fait isolé, mais que l'exception, la grande exception, c'est de trouver des terrains diluviens, sableux surtout, qui ne contiennent pas des débris de cette industrie et en quantité.

Les sablières que j'ai visitées sont celles de la Folie, de Saint-Benoît, près le chemin de fer, des Sables, de l'Hôpital-des-Champs, de Lessart, de Bonnillet : pour Poitiers, vingt environ. A Châtellerault, les bords de la Vienne, les sablières du Cimetière, de Cernay : huit en tout. Puis quelques autres à Lusignan, à Ligugé, à Nouaillé, à Quinçay, mais de moindre importance.

Voici la coupe générale de ces terrains :

1° Terre végétale.

2° Lœss, limon jaunâtre, argilo-sableux : c'est la couche la plus riche des cavernes.

3° Diluvium rougeâtre, graviers noyés dans une argile rouge ferrugineuse avec silex roulés. Dans les sablières de

sciences, 6 janvier 1862), dont les eaux se transforment en tisane rafraîchissante au sel de nitre, au moyen des fumiers dont les jus s'infiltrent dans leurs puits. C'est encore une de ces facéties qui ne vaut pas dix lignes de M. Lartet. M. Grimaud ajoute qu'il *n'est permis d'être* absurde *qu'aux savants de société, à certains courtisans, et aux fabricants de science populaire.* Pour qui fait-il de la science, lui, si ce n'est pour les salons et la société du faubourg Saint-Germain ? Pourquoi éreinte-t-il périodiquement M. Renan et autres libres penseurs, si ce n'est pour faire sa cour aux pieuses douairières dudit faubourg ? enfin, qu'est-ce que son feuilleton scientifique, sinon de la science populaire et mise à la portée de tout le monde ?

Il est impossible de cracher en l'air sans en recevoir sur le nez.

Traiter en maestro un sujet auquel on ne connaît rien, n'est-ce pas s'exposer à recevoir cette rude apostrophe : *Ne sutor ultra crepidam.*

Saint-Benoît, de la Folie, etc., on trouve quelques haches antédiluviennes, de nombreuses flèches, peu d'ossements : j'ai deux dents humaines qui en proviennent et qui sont rouges comme le sable lui-même.

4° Diluvium ordinaire, sables quartzeux et calcaires sans aucune liaison, nombreux blocs granitiques roulés, bois silicifiés, débris roulés des roches avoisinantes ou peu éloignées, enfin, à la Folie, nombreux restes d'éléphants, de rhinocéros et de cerfs. Dans cette couche se trouvent encore des haches, casse-tête antédiluviens parfaitement travaillés, et une immense quantité de flèches et autres petits outils. Cette couche atteint parfois une puissance de six à huit mètres. Le calcaire oolitique lui est partout subordonné. Il arrive qu'une de ces couches manque parfois, mais leur ordre est toujours le même ; ce sont évidemment des terrains quaternaires.

Les formes ne sont point, chez nous, aussi nettes, aussi précises que celles qui proviennent du diluvium de Saint-Acheul, et j'avoue que, pour les premières que j'ai trouvées, il a fallu des idées bien arrêtées, une attention soutenue et la connaissance approfondie des divers états du silex dans ces gisements, pour oser, dans les commencements, y voir la main de l'homme. Je ne sais si les premiers objets trouvés par M. Boucher de Perthes étaient aussi beaux que ceux que j'ai vus entre les mains de M. de Vibraye, mais je puis bien affirmer que quiconque nierait l'intervention de l'intelligence humaine dans ces travaux serait aussi absurde qu'un homme qui affirmerait qu'une montre s'est faite par un accident fortuit et une cristallisation particulière des molécules métalliques. Rien ne manque à ces outils de pierre, forme précise, suivie avec méthode, éclats enlevés avec une telle adresse, que des lapidaires auraient bien du mal à cliver un silex aussi habilement. Enfin le cachet définitif d'authenticité, c'est cette transformation particulière du silex dans ses angles les plus saillants, qu'on nomme de composition, que j'ai décrite plus haut, et qu'il est impossible de simuler par aucune opération chimique connue. Dans quelques cas, c'est une formation de silicate calcaire à la surface extérieure du silex; dans d'autres, c'est une suroxydation du protoxyde de fer qui lui donne une teinte jaune superficielle, tout en conservant les formes anguleuses des cassures intentionnelles.

Précisons d'abord quels sont les instruments trouvés dans ces différentes couches, leur nature, leur forme, leur conservation et leur aspect général.

La couche de limon rouge que l'on nomme dans nos pays sable gras, parce qu'elle est mélangée d'une forte quantité d'argile, est composée généralement d'argile rouge ferrugineuse, de silex ou graviers roulés très-menus, sableux. C'est au milieu de ces silex à angles arrondis par un long frottement que l'on rencontre quelques cailloux dont les cassures, nettes et précises, accusent le passage de la main de l'homme. Ces silex sont décomposés à la surface sur une profondeur de 0,005 mill. Les cassures ne s'arrêtent pas seulement au bord, comme cela résulterait de chocs multipliés; des éclats sont enlevés habilement jusqu'au centre; la forme est toujours, à peu de chose près, la même (il n'y a guère, en effet, que cinq types, que je décris plus loin); enfin les bords qui servaient à déterminer la forme définitive que l'ouvrier voulait donner à son outil, sont toujours enlevés avec soin et précaution, et par une série de petites cassures dirigées alternativement sur les deux faces des arêtes.

Je ferai observer, de nouveau, que je ne décris que les

objets du Poitou, les seuls que j'ai étudiés sur place et dont j'ai une longue habitude.

Poitiers et Saint-Benoît offrent, en général, une grande quantité de flèches taillées, triangulaires, en silex gris bleuâtre, et qui, malgré sa couleur, n'a aucune analogie avec le silex pyromaque des terrains crayeux des environs de Paris. Sa cassure indiquerait plutôt un espèce de jaspe. Ce silex est évidemment mélangé de parties argileuses ; il est excessivement facile à tailler latéralement par éclats ; enfin, il résiste assez bien au choc debout. Une particularité qui a dû contribuer à son emploi chez ces nomades, c'est son clivage prismatique naturel que l'on retrouve souvent sur des morceaux qui n'ont pas été touchés ; aussi, avec ces prismes, en façonnant légèrement les angles et la pointe par de fines cassures, on arrivait de suite à la forme voulue. Ce qui prouve bien que toutes ces flèches, grattoirs ne proviennent que de cette forme primitive du silex, c'est qu'aucun de ces instruments ne porte à sa base cette espèce de téton demi-conchoïde qui indique que la pierre a été intentionnellement détachée d'un bloc plus gros. J'ai trouvé confectionnés avec cette matière non-seulement des flèches, mais des grattoirs pareils à ceux de l'époque des cavernes, puis aussi quelques objets, bien évidemment antérieurs, taillés et imitant des formes d'animaux, d'oiseaux ou quadrupèdes. Je ne veux pas pousser aussi loin que M. Boucher de Perthes la croyance à un symbolisme très-développé chez ces sauvages, mais cependant j'ai été frappé de quelques ressemblances qui ne sont pas évidemment fortuites. Je n'y croyais pas du tout ; mais comment expliquer, par exemple, cette figure d'oiseau taillée sur toutes les faces. (Pl. LII, fig. 4.) Il a été aussi trouvé deux ou trois morceaux détachés du bloc, et ressemblants beaucoup aux lances des cavernes et des tumulus (1).

Après les flèches viennent les grattoirs, instruments arrondis d'un bout et pouvant creuser énergiquement le bois ou nettoyer les peaux, ainsi que je l'ai indiqué pour la période des cavernes. On y a trouvé quelques couteaux : ce sont des lames plates, allongées, souvent effilées aux deux bouts ; le roulis leur a généralement fait perdre leur vive arête, et comme on ne les trouve qu'en fragments, on pourrait tout aussi bien les reporter aux premiers types, armatures de flèches ou javelots.

Quantité d'objets taillés avec soin, mais n'offrant aucune forme connue à laquelle on puisse raisonnablement les rapporter, se trouvent encore là : tel est le n° 15 (pl. XXVII *bis*).

Enfin, à St-Benoît, à Châtellerault, etc., il existe de nombreux casse-tête d'une forme toute particulière (pl. XXVII et XXVII *bis*).

Le type général est un ovale allongé d'un bout, et représentant assez nettement la forme d'un cœur. L'extrémité est aiguë et formée par une multitude d'éclats convergeant tous vers un centre qui forme la pointe (*voir* le n° 3, trouvé, dans les sablières de Chauvigny, par M. Gruat). Celui-là est excessivement remarquable par ses cassures nettes et décidées et par la patine qui le recouvre. L'extrémité a été fraîchement endommagée. Celui de Châtellerault (fig. 10), trouvé par moi, encore en place, est aussi remarquable par une

---

(1) *Tumulus* et non *tumuli*; j'en dirai autant de *nucleus* et *oppidum*, que l'on met au pluriel quand la phrase française l'exige. Je trouve que c'est bien à tort que l'on veut décliner en français des noms latins. Quelques exemples suffiront pour en faire sentir le ridicule. Pourquoi ne pas dire un *Fucus*, des *Fuci*; un *César*, des *Césares*; un *Forum*, des *Fora*; un *Pensum*, des *Pensa*; un *Album*, des *Alba*; un *Pecten*, des *Pectines?* C'est imposer à ceux qui veulent parler français l'obligation de connaître le latin.

5

décomposition superficielle très-avancée ; il était ébréché avant son enfouissement. Un autre très-intéressant aussi est représenté (fig. 2) ; celui-là est taillé en hache coupante dans tout son pourtour ; il est plat ; la partie qui devait se tenir à la main est seule à angles mousses et arrondis par percussion. Il a fallu une grande habileté pour le tailler jusqu'au centre, qui est assez plat. C'est un silex pyromaque sans défaut, offrant une imperceptible efflorescence blanche à sa surface ; je l'ai trouvé au village d'Auzon, près Châtellerault, en place et dans le fond d'une sablière.

Le n° 9, trouvé dans les mêmes parages, est curieux par sa forme triangulaire ; il pouvait servir de trois côtés successivement, et, dans quelque position qu'il fût, il était facile à saisir et à retenir à la main. Une remarque qui peut s'appliquer aux outils de cette dernière série, c'est qu'il est très-probable qu'ils n'ont jamais été emmanchés : ce qui me porterait à le croire, c'est que tous ces instruments, gros ou petits, se trouvent toujours parfaitement en main ; aussi, lorsqu'on les saisit de façon à pouvoir s'en servir comme instrument contondant, on est étonné de la facilité avec laquelle leurs anfractuosités naturelles ou artificielles s'adaptent dans la main fermée, sans la gêner en aucune façon.

Le n° 1 représente une hache parfaitement ébauchée, semblable par sa forme et son épaisseur aux haches celtiques proprement dites ; mais il n'y a aucune trace de frottement ; trouvée dans les sables de Buxerolles. 13 est une hache plate trouvée dans les sablières de l'Hôpital-des-Champs ; enfin les nos 4, 5, 7, 8, 12, 16, sont des flèches trouvées à la Folie, dans les sables à ossements d'éléphants.

On pourrait décrire plus au long toutes les variétés de ces silex ; mais cette nomenclature fastidieuse deviendrait inutile et sans but. Je termine donc ici. Les planches XXVII et XXVII *bis* représentent les principaux types de 5 à 6 mille pièces recueillies en cent endroits différents, dans l'intervalle d'un ou deux mois.

J'ai dit plus haut que les silex taillés se trouvaient à peu près partout; en voici deux nouveaux exemples très-curieux :

Dans les environs de Limoges, à Cieux, se trouvent répandus sur quatre ou cinq communes avoisinantes une immense quantité de sables diluviens stannifères provenant de la désagrégation des roches voisines.

Outre l'étain, les grenats, le fer titané, les saphirs, qui se trouvent en abondance dans ces sables, on y trouve aussi l'or natif. La présence de ces divers minéraux leur assigne une origine diluvienne incontestable. Eh bien, dans une des fouilles pratiquées pour l'extraction de ces minerais, M. Godefroid, l'habile directeur des mines d'étain de la Haute-Vienne, trouva en 1857, à 2 m. 80 c. de la superficie et en contact avec le granit, une pointe de flèche parfaitement taillée et dont les angles sont arrondis par le frottement ; elle est figurée pl. XXVII, fig. 6.

Dans le fond de ces sables, on a trouvé une immense quantité de bois abattus évidemment de main d'homme, et en conservant encore les traces ; ces bois étaient à très-peu près transformés en lignites, nouvelle preuve de la haute antiquité de ces alluvions. Les pyrites répandues dans la masse, en se décomposant et produisant des sulfates de fer solubles, ont dû aider à cette conservation si merveilleuse.

Le second exemple, trouvé à 40 lieues de là, est non moins remarquable. En poursuivant le cours de mes explorations en décembre 1863, je trouvai près d'Argenton (Indre) un gisement tout nouveau et d'un aspect complétement insolite. (*Voir* pl. IX.) C'est une tranchée assez profonde qui a été faite sur le penchant d'une colline pour y établir un chemin vi-

cinal (fig. 6, D). Voici les coupes dans leur succession (fig. 5) :
A, terre végétale, 50 à 60 cent.; B, diluvium rougeâtre formé
d'argile ferrugineuse et de cailloux roulés, 70 cent. à 1 mètre
50 cent.; E, conglomérat calcaire formé des débris de la roche
encaissante ; il est solidement relié par des infiltrations calcaires qui paraissent très-anciennes. Tout autour D, est le
calcaire qui appartient à l'étage jurassique inférieur. En C
se trouve une fissure qui sépare la roche du conglomérat ;
elle a à peine 10 cent. de large, et communique par le haut
avec le terrain diluvien ; elle s'infléchit ensuite fortement à
gauche et s'évanouit pour ainsi dire au centre. J'ai trouvé dans
cet endroit si resserré, qui n'a jamais pu faire partie ni
d'une caverne ni d'une habitation, une cinquantaine de silex
façonnés en fer de flèche avec beaucoup d'élégance, et une
multitude de ces petites pointes acérées dont l'usage est
assez indécis. (*Voir* plus haut, page 48.) Il y avait, en outre,
de nombreux ossements, mais trop fragmentés pour qu'il
soit possible d'en déterminer aucun, puis un poinçon en os
avec gouttière au milieu, semblable au n° 14 de la pl. XIX *bis;*
quelques-unes de ces plaquettes d'amphibolites qui leur
servaient à affûter leurs outils. Ces silex, par leur long séjour dans cette terre éminemment calcaire et à ciel nu, se
trouvent blanchis à la surface et souvent assez profondément.

Comment expliquer ce remplissage, si ce n'est par le séjour en ce lieu d'une famille ou d'une peuplade qui, dans
quelque hutte, avait établi sa demeure et son modeste arsenal ? Des eaux venues plus tard ont précipité ces débris dans
la fissure qui, postérieurement encore, aura été recouverte
par le diluvium.

A ce dernier exemple pris dans mes propres observations,
j'ajouterai que tout dernièrement on a trouvé dans les

galets de la plage de Boulogne-sur-Mer une immense quantité de silex taillés de main d'homme de toutes formes et
de toute nature.

Mais le spécimen le plus remarquable de ces ateliers de
l'âge de pierre est celui que je viens d'explorer à Pressigny (1),
près la Haye-Descartes. Le docteur Léveillé, l'auteur de la
découverte, remarqua, il y a quelque temps, dans une multitude de localités et à la superficie du sol, des silex taillés
d'une certaine façon, qui lui parurent, d'après la persistance
de leurs formes, provenir d'une taille, d'un effort évidemment intentionnels. Après les avoir examinés avec attention,
il en conclut que ce devait être de ces armes celtiques que
nous retrouvons chez nous dans les cavernes et les dolmens.
Un certain nombre qu'il rassembla ne lui permit plus aucun

---

(1) Pressigny-le-Grand est à 24 kilomètres de la station de Port-de-Piles,
chemin de fer d'Orléans.

C'est le 6 août 1864 que je fis cette première exploration, et j'en rendis
un compte détaillé dans le *Journal de la Vienne* du 10.

M. Élie de Beaumont lut, le 26 du même, à l'Académie des sciences, une
pareille communication de l'abbé Chevalier, qui fut reproduite par le *Mo-
niteur*. J'envoyai de nombreux exemplaires du journal aux sociétés savantes et aux archéologues les plus connus pour s'occuper de ces questions. Je reçus, à cette occasion, de nombreux encouragements de savants
très-distingués, entre autres de M. de Quatrefages, de l'Institut, Boucher de
Perthes, Rossignol, conservateur du musée Saint-Germain, Broca, secré-
taire de la Société d'anthropologie de Paris, etc.

Tous m'ont engagé très-vivement à poursuivre sans relâche cette intéres-
sante étude, dont personne ne s'était occupé sérieusement avant moi. La
publicité que j'ai donnée à cette découverte a attiré un grand nombre de
savants dans cette petite localité. Elle nous a valu les honneurs du plagiat
dans le *Sport*, où un certain vicomte, que je ne crois pas de très-bon aloi,
copie effrontément notre travail et le donne comme de son crû et comme
choses dont il parle *de visu*.

J'ai tenu à rétablir les faits dans toute leur exactitude. Comme je possède
une magnique collection des objets les plus divers qu'on puisse rassembler,
je me propose de continuer ces recherches que je publierai dans un vo-
lume à part.

doute. En poursuivant ses recherches , il finit par trouver de ces mêmes armes polies et semblables aux haches celtiques bien connues dans nos pays.

Quelque temps après, il découvrit une pièce unique : c'est un bloc de grès que l'on peut admirer chez lui , et qui est sillonné dans toute son étendue de stries, de sillons longitudinaux provenant du frottage de ces silex pour les transformer en haches polies. C'est une pièce unique, et qui n'a pas sa pareille en France par ses dimensions et sa conservation (pl. XXX).

Aussitôt prévenu de l'existence de ces ateliers, je m'y rendis immédiatement, et en moins d'une heure ma moisson fut des plus abondantes.

Dans le champ de la Claisière, les casse-tête, les couteaux, les lances sont en telle abondance, qu'on en pave les chemins, et que les murs de clôture en sont garnis. Les paysans qui les trouvent dans leurs champs, et qui en sont très-gênés pour leur labourage, les appellent des *livres de beurre*. La forme la plus générale, en effet , de ces singuliers objets, représente parfois un pain de beurre tel qu'on le confectionne dans nos pays. C'est une amande assez souvent obtuse d'un bout ; la dimension varie de 20 à 40 centimètres de longueur et de 8 à 14 de large. Les deux côtés latéraux sont enlevés par une série d'écailles qui arrivent jusqu'au tiers environ ; le milieu est détaché par un seul coup donné sur la base. Beaucoup sont des *nucleus* résidus de la fabrication des couteaux ; mais un grand nombre est définitivement travaillé en hache brute.

La première partie du travail a eu pour but de confectionner ces admirables couteaux en silex de 25 à 30 centimètres de longueur, que l'on rencontre surtout dans les grands tumulus. Sur l'immense quantité qui est à la surface du sol, on peut étudier parfaitement toutes les phases de la fabrication. Le silex brut était d'abord amené à la forme amygdalaire, puis sur les parties latérales (pl. XXIX, fig. 2), en **AA**, on enlevait une série d'éclats qui arrondissaient la surface dans toute la longueur, et y formaient une arête obtuse **C**, qui se détachait en longue lame par un coup sec frappé en **B**.

La planche **XXIX** représente un de ces *nucleus* **AA**, éclats enlevés pour arriver à produire l'arête **B**, partie plane d'où a été enlevé un long couteau. On trouve souvent de ces noyaux sur lesquels il a été détaché successivement 5 ou 6 lames, sans retouches latérales (pl. XXVIII, fig. 46); mais généralement il n'y a qu'un ou deux enlevages, parfois même il n'y a rien eu de détaché, et le *nucleus* est tout préparé à fournir ces singuliers instruments (pl. XXIII, fig. 47).

Quelques savants de village nous ont très-sérieusement fait l'objection qu'une aussi immense quantité de ces résidus ne pouvait venir que d'une fabrique de pierres à fusil. La première réponse à leur faire, c'est que les pierres à fusil ne se font pas ainsi; mais la meilleure, à mon avis, c'est de leur demander pourquoi l'on a fabriqué en même temps des casse-tête, des haches brutes et polies, et de nombreuses pointes de lance. Est-ce qu'à l'époque où l'on a commencé à se servir de fusils, on se servait encore de haches et casse-tête en silex? Ce serait une plaisante anomalie, tout à fait digne de l'attention de ces messieurs.

Nous aimons mieux les suppositions de quelques personnes du pays. Selon elles, ce serait une ancienne fabrique de socs de charrue. Il est très-vrai que fort souvent la forme est presque identique à cet instrument; mais il aurait toujours manqué à cet *arau* des encoches pour le fixer au bois; puis il y en a bon nombre qui sont tellement conformés, qu'il est impossible d'admettre cette opinion; il s'en trouve en effet dont les deux extrémités sont obtuses et offrent, sans cassures récentes, un bout de 8 à 10 centimètres de large. Puis j'en reviendrai à ma première question. Pourquoi trouver ensemble toute la série des armes celtiques imaginables et très-souvent fabriquées avec ces *nucleus ?*

Quelques-uns sont légèrement décomposés à la surface; d'autres ont la cassure aussi fraîche que s'ils venaient d'être faits la veille.

Des silex blonds de très-belle nature et de grandes dimensions se trouvent partout; ils sont en plaques de 10 à 20 centimètres d'épaisseur, et paraissent provenir des bancs détruits de la craie tuffeau. Ils reposent directement tantôt sur le terrain tongrien, sur les faluns, ou même la craie; ils sont souvent de si grandes dimensions, que j'ai vu des fossés couverts d'un seul morceau de silex plat faisant office de ponceau.

Ces mines inépuisables s'étalent sur une étendue de plus de 25 hectares, dans deux ou trois communes différentes. La partie la plus riche est néanmoins la Claisière.

De la forme de ces résidus à celle d'un casse-tête il n'y a qu'un pas; aussi en trouvons-nous beaucoup qui en proviennent. On a arrondi le sommet de manière à le rendre facile à tenir à la main sans la blesser, et l'on a rendu par cassure le bout plus pointu.

On trouve par milliers aussi des casse-tête triangulaires plats, offrant la forme d'une hache imparfaite. Beaucoup ont des entailles pour les emmancher. Quant aux haches, dont la forme est exactement pareille à celles des dolmens, elles sont plus rares. J'en ai cependant trouvé 5 parfaitement taillées, et 2 avec commencement de polissage. Le maire de la localité en possède plusieurs, entre autres une admirablement taillée et polie; toutes ont été trouvées par lui dans

des sables vierges qu'il a extraits de ses propriétés. (Pl. XXIX,
de 1 à 4.) Les couteaux de toutes longueurs jonchent le sol,
ainsi que des flèches et lances (même planche, de 15 à 12),
et tous les débris de leur fabrication.

J'ai trouvé plusieurs marteaux en silex parfaitement
choisis, et qui, par leurs cassures, indiquent un long usage
(pl. XXVIII, n° 43).

Maintenant, que penser de la présence de cette immense
quantité de silex travaillés et de leurs résidus sur une étendue aussi gigantesque?

Evidemment ce sont des ateliers celtiques; mais à quelle
époque ont-ils existé? et qu'est-ce qui en a interrompu la
fabrication?

D'après la position de ces débris épars à la surface du sol
et leur enfouissement dans une terre moitié végétale, moitié
diluvienne, ils ne sont pas très-anciens. Je crois qu'on peut
les rapporter à ces dernières époques de l'âge celtique qui
précèdent immédiatement l'apparition des métaux, enfin à
ma 4e période (page 74).

Ce qui milite en faveur de cette opinion, c'est que les
énormes couteaux qu'ils devaient obtenir de ces noyaux ne
se trouvent que dans les grands tumulus de la dernière
époque, dans lesquels on a souvent trouvé quelques objets
métalliques. Puis aussi leur perfection annonce un grand
progrès, de grands pas vers la civilisation, qui devait, quelques siècles plus tard, les ranger sous ses lois.

Un rapprochement bien curieux, et qui pourrait donner à
cet atelier une date historique, c'est le nom du champ où se
trouvent ces armes. Bien que placé loin des villes, au milieu des campagnes, le champ garde encore le nom de
champ du Commerce.

L'apparition des métaux fut le signal de la décadence de

celte industrie, qui dut dès lors être brusquement aban-
donnée, après avoir été de temps immémorial si florissante
dans cette contrée.

Je dis de temps immémorial ; car ce n'est pas un des
moindres étonnements de l'antiquaire de rencontrer dans
les mêmes régions, dans des terrains diluviens parfaitement
caractérisés, les traces d'une industrie similaire tout aussi
florissante, tout aussi développée que celle de la surface
du sol.

Ce seul fait pourrait expliquer la rareté des débris hu-
mains dans le diluvium. Pour que des populations soient
venues après ces cataclysmes ranimer cette industrie où elle
avait déjà prospéré, il faut supposer que de nombreux témoins de la première catastrophe avaient survécu et étaient
venus s'établir là où leurs ancêtres avaient déjà travaillé. Ce
n'est qu'une hypothèse, mais qui n'a rien d'invraisemblable.

De tout ce qui précède je conclurai, comme tant de savants l'ont déjà fait, que l'existence de l'homme est indénia-
ble aux époques géologiques quaternaires, caractérisées par
le diluvium et les débris de grandes races éteintes, avec les
restes desquels on trouve non-seulement des objets de son
industrie, mais ses débris aussi. Un autre fait que l'on
n'avait pas encore entrevu et qui est pour moi incontestable,
c'est qu'une immense population a dû couvrir notre France
à ces époques lointaines, qu'elle s'est répandue par tous
pays et en tous lieux, et qu'elle a dû faire un séjour prolongé dans les endroits où elle s'est fixée.

La prodigieuse quantité des uniques débris qui ait pu parvenir jusqu'à nous, après les cataclysmes qui nous en sépa-
rent, peut seule en donner une idée, et je répéterai que la présence de ces silex dans ces terrains n'est pas une exception,
mais la règle.

Tâchons donc, dans un rapide résumé, d'esquisser et de mettre en ordre ces curieuses époques lointaines que nous avons étudiées précédemment.

PREMIÈRE PÉRIODE.

La première période diluvienne proprement dite dut avoir lieu vers l'an 24,000 avant notre ère (page 6). C'est l'époque probable du cataclysme qui ravagea le nord de l'Europe et de l'Asie et les couvrit de sables, de blocs erratiques en couches immenses. Dans ces dépôts se trouvent des ossements d'éléphants, de rhinocéros, pêle-mêle avec des silex taillés de main d'homme de toutes formes et dimensions, et qui souvent sont arrondis et usés par un roulis prolongé. Leur prodigieuse quantité, et surtout leur universelle dispersion dans tous les dépôts de cet âge, doivent faire supposer qu'en ces temps-là la race humaine fut bien plus nombreuse qu'on est généralement porté à le croire. Enfin tout ce qui se rattache à cette époque se compose de *silex plus ou moins correctement travaillés par de simples cassures ou éclats, jamais de traces de frottage pour en adoucir les angles, en perfectionner la forme; enfin tous sont du pays et identiques à ceux du dépôt qui les contient. Ils portent toujours des traces d'usure par roulis.* Tels sont les gisements de St-Acheul, de Loir-et-Cher, de Boulogne-sur-Mer, de Grenelle, plusieurs de ceux de Pressigny et tous ceux du Poitou que j'ai découverts.

PÉRIODE DE TRANSITION.

De 24,000 à 13,901, période de repos relatif. Néanmoins de nombreux cataclysmes locaux sont produits par les grands lacs qu'avait dû former le déluge précédent dans

toutes les vallées basses. Comme autant de petites mers inté
rieures, ils durent ronger profondément leurs berges,
former des atterrissements, des dépôts. C'est ainsi qu'on peu
expliquer ces couches de diluvium de diverses espèces qu
l'on rencontre sur le flanc des collines et souvent jusqu'
leur sommet, puis aussi ces transports à de courtes dis
tances de matériaux des terrains avoisinants. Ainsi les sa
blières de St-Benoît, près Poitiers, contiennent les Granits
les Porphyres, les Eurites et les Lumachelles du Lias de Ligugé
localité distante d'une lieue au plus, et dont le facies géolo
gique est très-distinct de l'autre, qui ne contient absolumen
que de l'Oolithe moyenne. Ces lacs, en rompant parfois leurs
digues, durent se jeter sur le plat pays et y creuser ces anciens
lits de nos rivières qui ne sont plus en proportion avec les
cours d'eau qu'ils contiennent actuellement.

Peu à peu sur ce sol profondément bouleversé, les alluvions
immenses couvrant le fond des lacs et des marais dessé-
chés durent produire une végétation luxuriante, où les animaux se multiplièrent à l'envi; il fallut cependant un long
temps à ces terres dévastées pour se créer une végétation
et une faune nouvelles. Si l'Europe fut habitée à cette époque,
ce ne put être que par les rares survivants de la première
catastrophe. La vie précaire qu'auraient pu y mener de
pauvres peuplades isolées, incapables de se défendre contre
les éléments déchaînés, au milieu de ce sol à l'état de labo-
rieux enfantement, nous fait supposer que la population
fut alors si peu nombreuse, qu'elle n'a guère laissé que quelques traces qu'il est facile de confondre avec celles de la
première période.

DEUXIÈME PÉRIODE.

Vers l'an 13,901, époque de la débâcle de la glacière du

pôle sud (page 7), les populations asiatiques, exubérantes et
contenues dans des pays trop restreints, saisissent cette occasion d'un déluge partiel qui porte le ravage dans une partie
de l'Inde, pour émigrer en masse et quitter ces contrées d'où
les chassaient et les éléments et leurs frères conjurés. C'est
à cette émigration qu'il faudrait rapporter l'arrivée dans
nos contrées des Celtes, habitants de nos antiques cavernes.
Ils apportent avec eux quelques souvenirs de leur première
patrie, leurs armes et surtout leurs croyances.

*Cette époque est caractérisée par une immense quantité de
flèches, grattoirs, couteaux en silex répandus dans le limon
des grottes ; des os travaillés en figures grossières* se rapportent bien certainement à quelques symboles de leur culte.
Les silex sont tous du pays ; jamais ils ne sont frottés, et cependant, avec ces enfouissements qui indiquent un art aussi
peu avancé, on trouve *des haches en pierre d'une perfection
achevée, toutes en matières étrangères et qui proviennent évidemment de l'Inde.* Ces armes, apportées de la mère patrie,
furent plus tard vénérées comme des souvenirs ou symboles
religieux. De là leur consécration à l'esprit des défunts, et
leur enfouissement habituel dans les sépultures de cet âge. On
trouve là ces premières poteries grossières, façonnées à la
main, souvent incuites, et qui n'ont pu servir que de vases
funéraires.

TROISIÈME PÉRIODE.

L'époque qui vient de s'écouler dut être longue et tran-
quille, si l'on en juge par l'immense nombre de cavernes
anciennes habitées, déjà découvertes depuis le peu de temps
qu'on s'en occupe. Mais, vers 2,350, arrivent de nouveaux
déluges provenant de la débâcle de la glacière du pôle nord.

Ce déluge, moins général que les premiers, est consigné dans beaucoup d'histoires. C'est le premier déluge grec occasionné par la rupture des digues de la mer Noire ; le déluge chinois d'Yao paraît coïncider avec celui-ci, ainsi que la disparition de l'Atlantide de Platon, que les savants s'accordent à regarder comme un fait réel. Les cavernes sont comblées par cette dernière catastrophe ; il y a probablement quelques populations d'anéanties ; mais néanmoins il est à croire, si l'on en juge par les effets, que ce phénomène eut peu d'intensité dans nos climats. Les Kymris, habitant la Crimée, qui dut être terriblement ravagée à cette époque, paraissent avoir déjà fourni des migrations en ce temps-là.

Ce qui, du reste, milite en faveur de cette opinion, ce sont les déluges successifs qui viennent en Grèce sans qu'aucune autre contrée s'en ressente : en 1796, celui d'Ogygès ; en 1529, celui de Deucalion ; vers 1450, celui de Dardanus. Le haut degré de civilisation de la race grecque dès les temps les plus éloignés lui permit de monumenter par l'histoire ces diverses catastrophes. Il est à croire que notre Gaule n'en fut pas plus exempte ; mais nous n'avons, pour les étudier, ni légendes, ni narrations écrites, et il faut se contenter, ainsi que nous l'avons dit, des déductions que l'on peut tirer de l'analyse des faits, de l'examen attentif des restes de ces antiques races.

Enfin, vers 1,500 (toujours avant notre ère), l'Orient se rue de nouveau sur l'Occident ; les Scythes, Celtes, s'abattent sur la Gaule, après avoir fait de nombreuses stations dans les pays intermédiaires ; ils nous apportent les mystères et les dogmes du culte druidique, des armes et des coutumes qui, par leur analogie avec celles des premiers habitants, nous indiquent une origine commune.

Des eaux couvraient-elles encore certaines parties de la Gaule, pour avoir arrêté les émigrants dans quelques localités élevées? c'est ce qu'on serait tenté de croire depuis les découvertes qui ont été faites dans les lacs de la Suisse, où une population nombreuse a dû habiter pendant longtemps. Là, tout les conviait à fabriquer les armes en pierre dont on se servait dans leur pays et dont le mode de fabrication n'était pas perdu chez ces nouveaux arrivants; aussi les voyons-nous s'y livrer sur une grande échelle. Les torrents, les glaciers, leur fournissent en abondance des pierres roulées de toute nature, dur et tenace résidu de la trituration des roches hétérogènes.

Ces débris, souvent de forme amygdaloïde, nécessitaient peu de travail pour les amener à la forme voulue; aussi, quand ces peuples descendirent dans la Gaule, emportèrent-ils avec eux leurs armes de prédilection. Ces grands centres de fabrication gardèrent pendant longtemps leur industrie, et toute la série de monuments druidiques proprement dits contient dans ses tombelles et ses dolmens des haches en pierre provenant généralement des Alpes. Aussi je caractériserai cette troisième période par *la nature de ses haches, généralement en minéraux alpins.*

Mais le torrent des âges s'écoule rapidement. Un peuple civilisé, les Phéniciens, vient vers 1,200 fonder une colonie sur ce sol tant convoité, tant disputé; mais ils ne paraissent s'en être servi que comme un lieu de ravitaillement, avant de traverser la Gaule entière pour aller chercher l'étain aux Cassitérides. On a bien dit que le druidisme avait ses racines dans le culte de Dagon; mais la pureté de sa doctrine le fera toujours rattacher aux meilleures religions de l'Inde, qui ne le cèdent en sublimité qu'à celles du christianisme. Si les Tyriens y eussent importé leur culte, leurs arts et leur civilisation eussent été le seul moyen de l'y implanter ; or c'est ce que nous ne voyons pas d'une manière évidente.

QUATRIÈME PÉRIODE.

Entre le vi^e et le viie siècle avant notre ère, nouvelle invasion Celto-kymrique. Ces nouveaux venus ont-ils commencé à fabriquer eux-mêmes et sur placé les armes dont ils se servaient, ou les anciens habitants, lassés de les aller chercher en Suisse, les ont-ils dès lors confectionnées eux-mêmes ? Toujours est-il qu'à une période assez indécise de ces derniers temps, commence *la fabrication des armes polies en pierres du pays*. Ces armes se trouvent généralement dans les sépultures contemporaines de l'âge métallique. Dans quelques dolmens, quelques tumulus, avec des instruments de bronze ou d'or ; elles sont fréquemment disséminées dans les champs, les bois, un peu partout ; enfin elles sont taillées sur les parties non polies avec une précision qui indique parfois l'usage des métaux. Leur emploi, soit comme défense, soit comme objet de superstition, se continue bien plus tard. C'est à cette époque que l'on peut rapporter les immenses ateliers de Pressigny-le-Grand.

La mansuétude de la civilisation grecque, qui avait fondé Phocée, n'avait demandé à la Gaule qu'un coin de son ciel bleu, et avait respecté ses biens et ses croyances. Heureux nos pères, si le progrès leur était venu par de si douces voies ! mais, quelques siècles plus tard, une soldatesque féroce et avide, qui n'avait jamais pu subsister qu'en pillant et rançonnant tous ceux qui l'entouraient, incapable de vivre de son travail dans ces fertiles plaines d'Italie où le sol ne demande qu'à produire, cette soldatesque s'abat sur la Gaule ; ces riches plaines, fécondées par les sueurs de nos

aïeux, sont ravagées. Guerriers, vieillards, femmes et enfants, tout succombe sous les coups de César, cet illustre
assassin de Vercingétorix, que la brutale stupidité de son
siècle a déifié, et auquel l'immortel Brutus a rendu trop
tardive justice. C'est dans un océan de sang et de larmes
qu'a sombré notre vieille nationalité.

FIN.

6

SILEX TAILLÉS DE PRESSIGNY-LE-GRAND.

1 Marteau en silex avec nombreuses traces de son usage.
2 Nucleus court et aplati, duquel on a tiré des pointes de lance.
3 Casse-tête avec deux échancrures latérales pour le fixer.
4 Casse-tête travaillé sur toutes les faces.
5   Id.   avec échancrures pour fixer le silex dans un manche.
6   Id.   avec échancrures médianes.
7   Id.   pointu.
8   Id.   id.   sans échancrures.
9, 10, 11 et 12, couteaux en silex provenant des nucleus, genre
       n° 45.
13, 14, couteaux avec arête obtuse d'un côté.
15 Couteau avec un manche façonné en silex.
16 Couteau, même genre que 9, 10, etc.
17 Casse-tête allongé avec prise au milieu.
18   Id.   court avec deux échancrures latérales.
19 Hache celtique courte et polie, brisée.
20 Grosse armature de lance.
21 Hache celtique parfaitement taillée (du diluvium).
22 Hache celtique allongée ; l'extrémité a reçu un commencement
       de polissage.
23, 24, 25, haches celtiques ébauchées sans traces de polissage.
26 Grand couteau avec manche.
27 Pyramide en silex à quatre facettes curvilignes (usage indécis).
28 Pierre de fronde ronde à facettes curvilignes.
29 Pointe d'arme de jet.
30 Outil taillé très-finement, qui peut avoir servi à percer.
31, 32, 33, 34, 35, mêmes que 29.

36, 37, 38, couteaux.

39 Pointe de lance parfaitement taillée et provenant du diluvium.

40 Même que 29.

41 Couteau.

42 Grand outil indéterminé, probablement grattoir.

43 Même que 29.

44 Couteau avec manche.

45 Grand nucleus, à la surface duquel on voit les traces de l'enlèvement d'un énorme couteau pointu : ce sont ces nucleus qu[e] les paysans appellent livre de beurre. Nous en possédons qu[i] ont 40 cent. de longueur.

46 Nucleus sur lequel il a été enlevé des lames sur toutes les faces.

47 Nucleus tout préparé pour enlever le couteau ; la superficie es[t] taillée en arête aiguë.

48 Petit nucleus qu'on a commencé à utiliser pour tailler une hache.

49 Grande pointe courbe d'arme de jet.

50, 51, mêmes que 29.

Poitiers. — Typ. de A. Dupré.

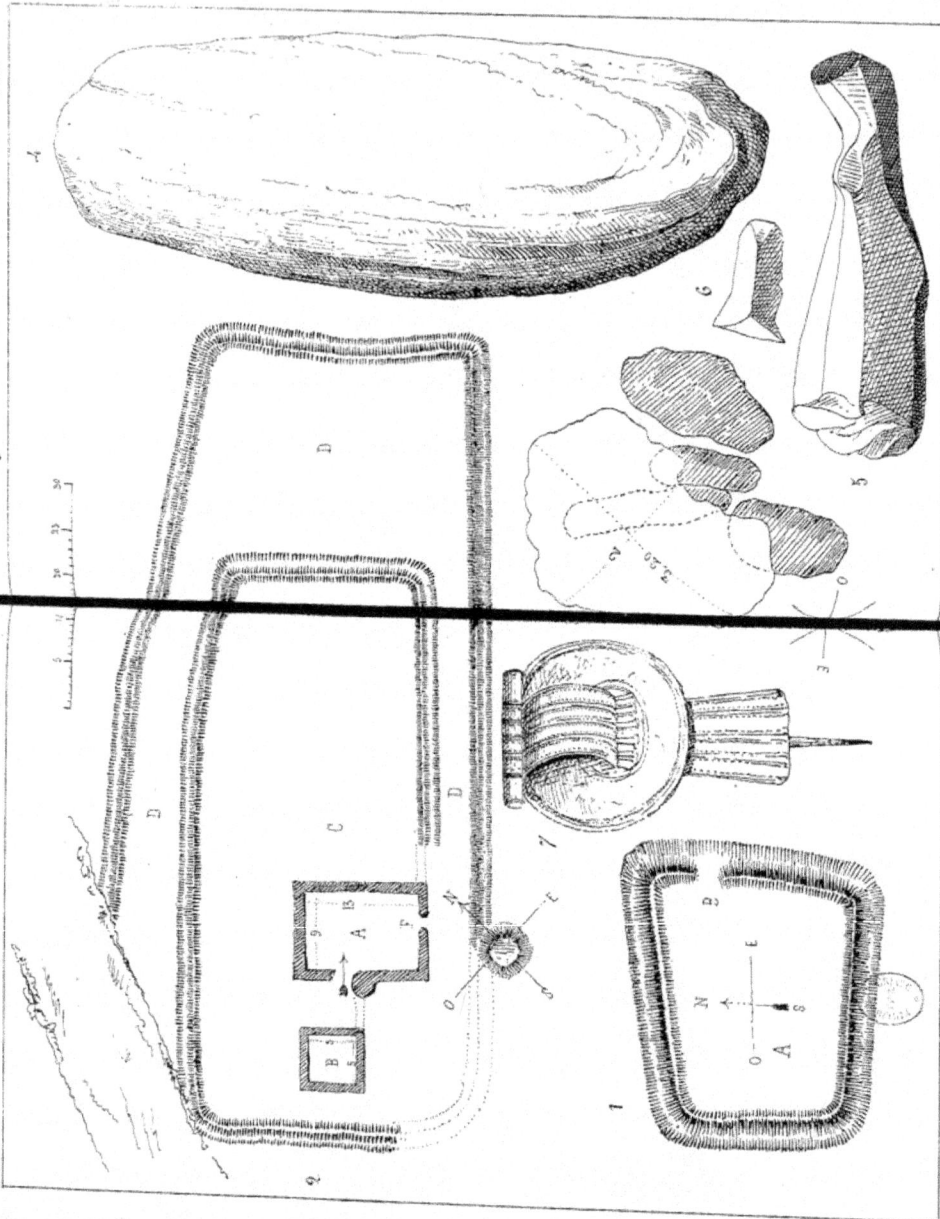

Dessins de grandeur naturelle figures 1.2.3.

Pl.

Nota. Les figures 3. 4. 5 sont dessinées à grandeur naturelle.

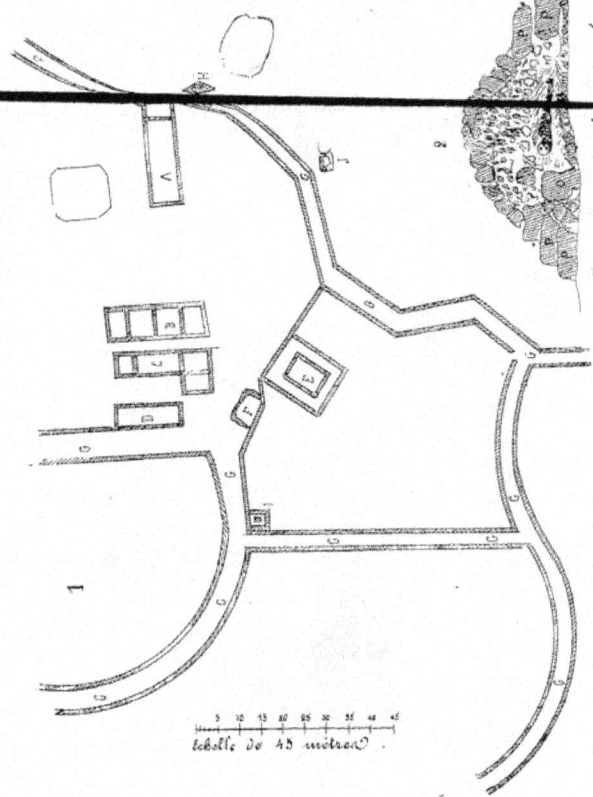

Constructions sur le lieu des Oula
près le Bassin dure de Grёx.

Echelle de 45 mètres.

5 10 15 20 25 30 35 40 45

10

F

vigolo

B   3 m.

A

2 90

D

9

A

Fig. 11. Dessin grandeur naturelle.

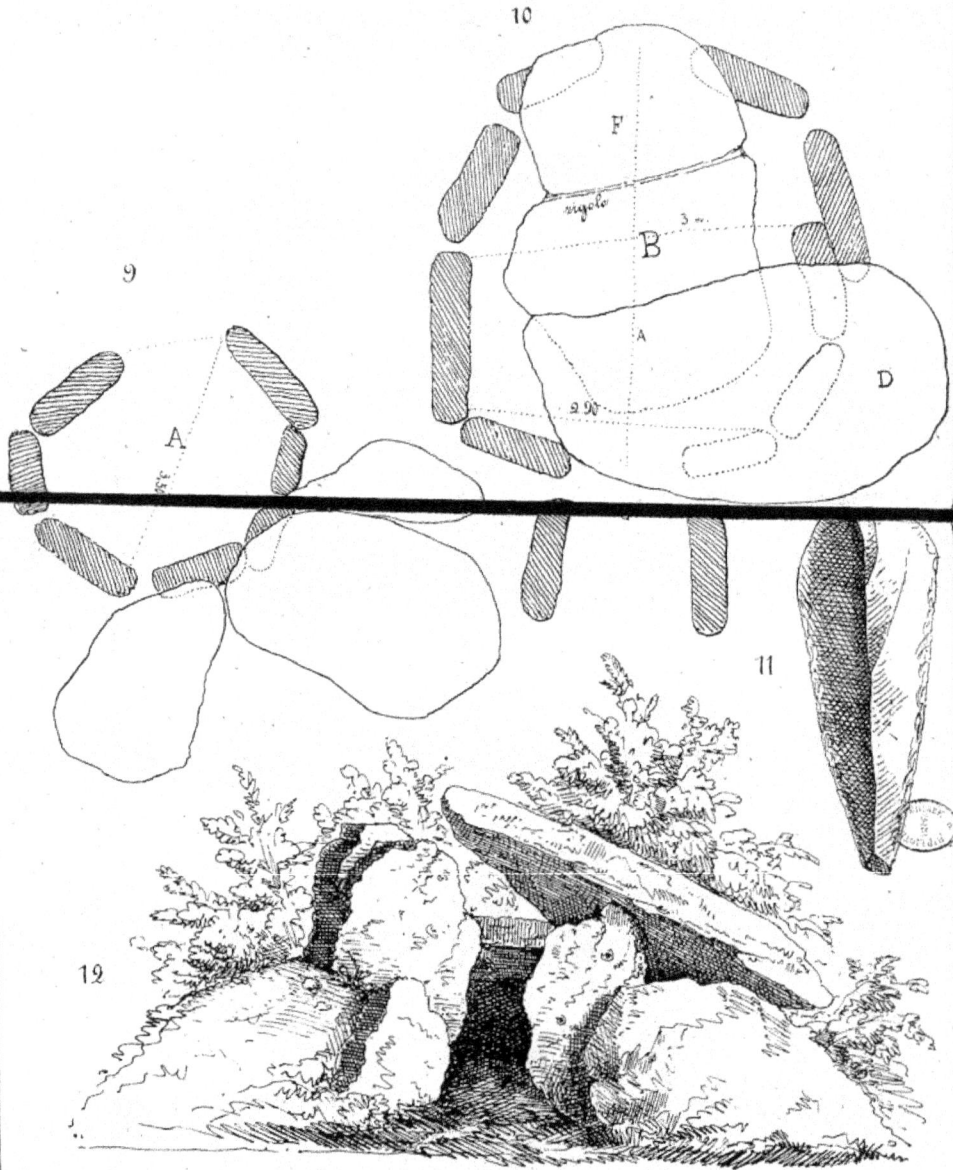

11

12

1

A   B   C

2

3

5   Sud   6   Est

7   Nord-Ouest   8   Sud-Ouest

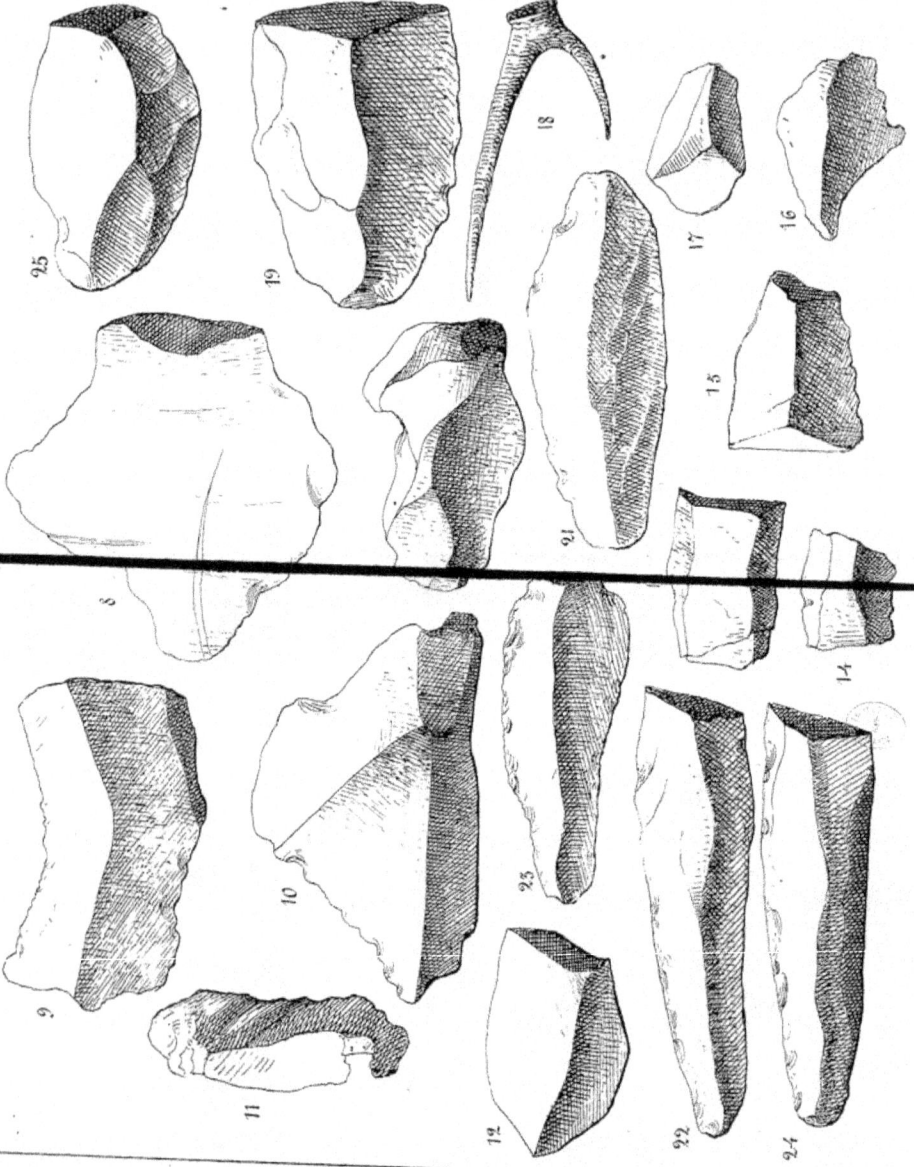

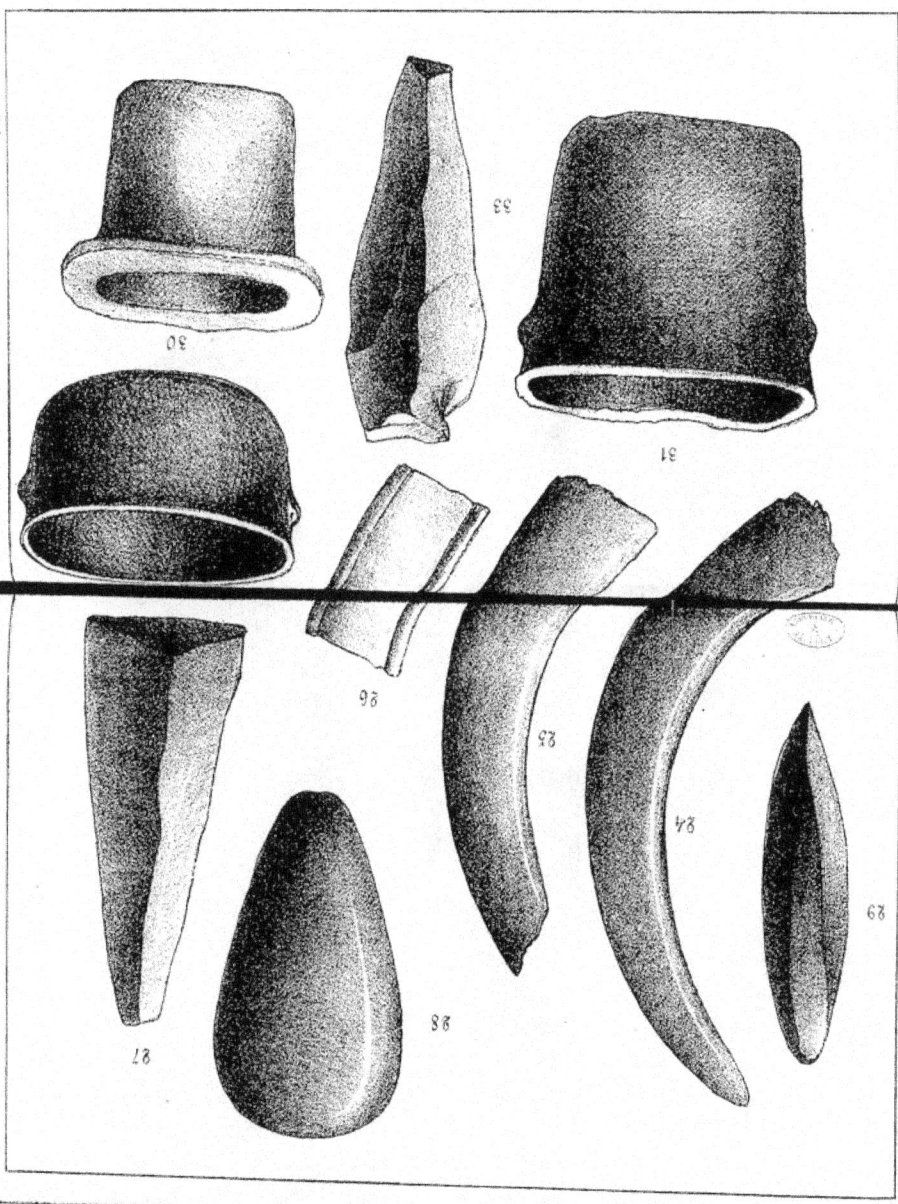

Pl. 4

Dessins de grandeur naturelle, sauf les figures 31.32.

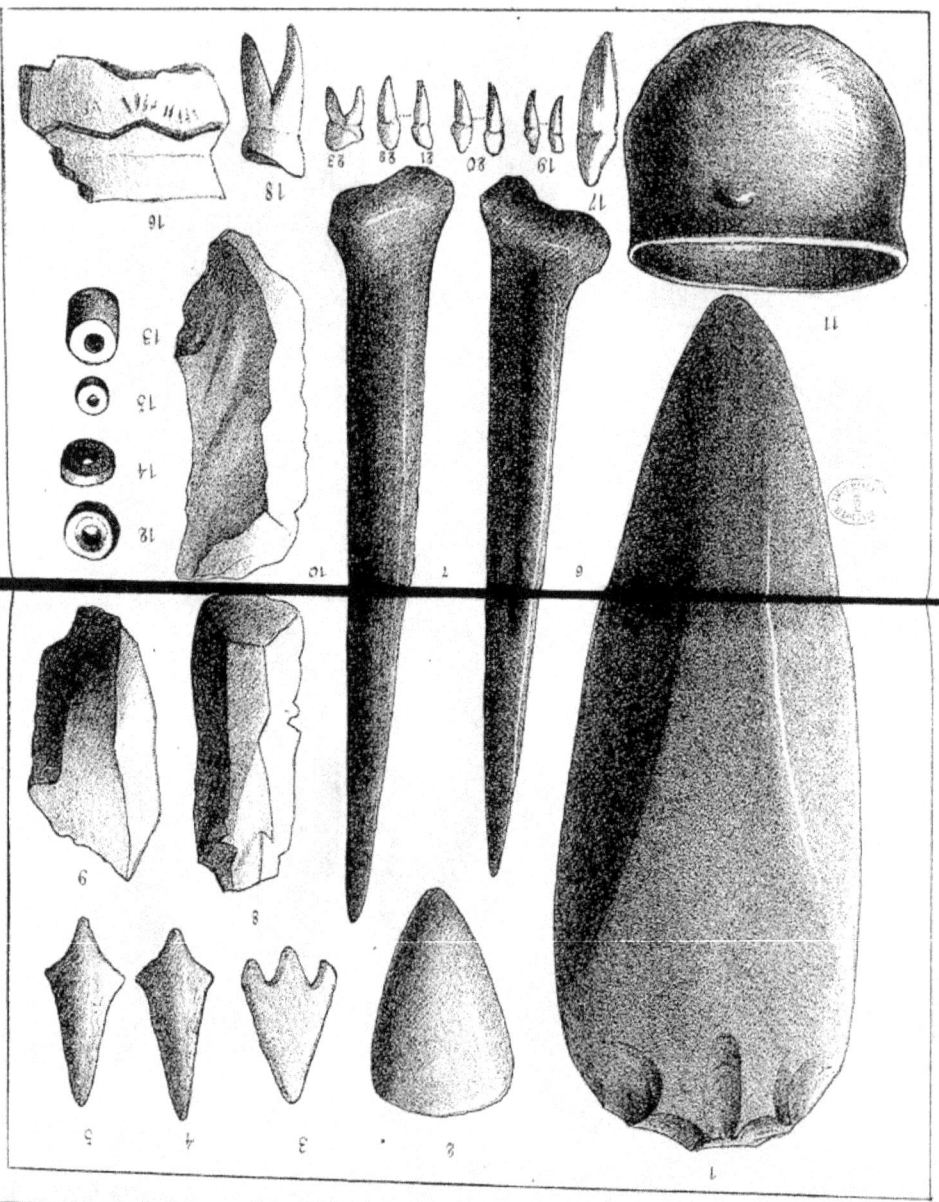

Pl. 4 bis

Dessins de grandeur naturelle sauf la figure 11.

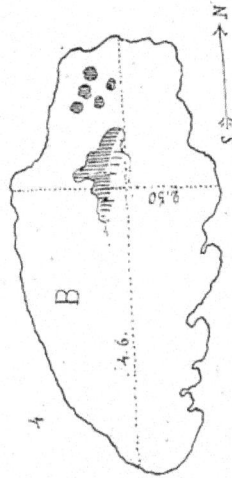

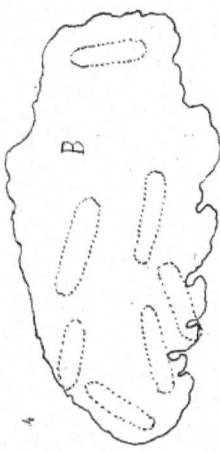

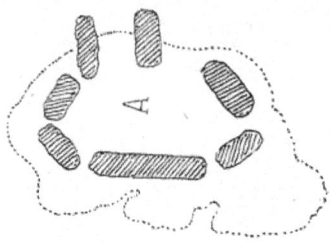

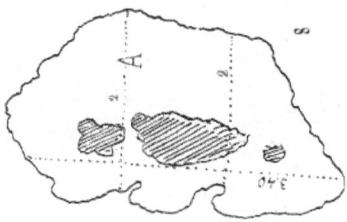

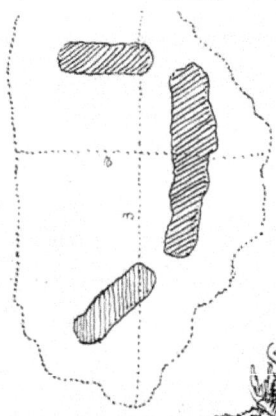

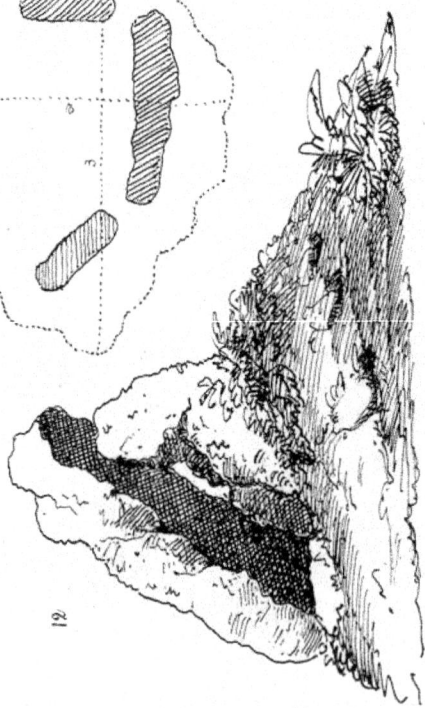

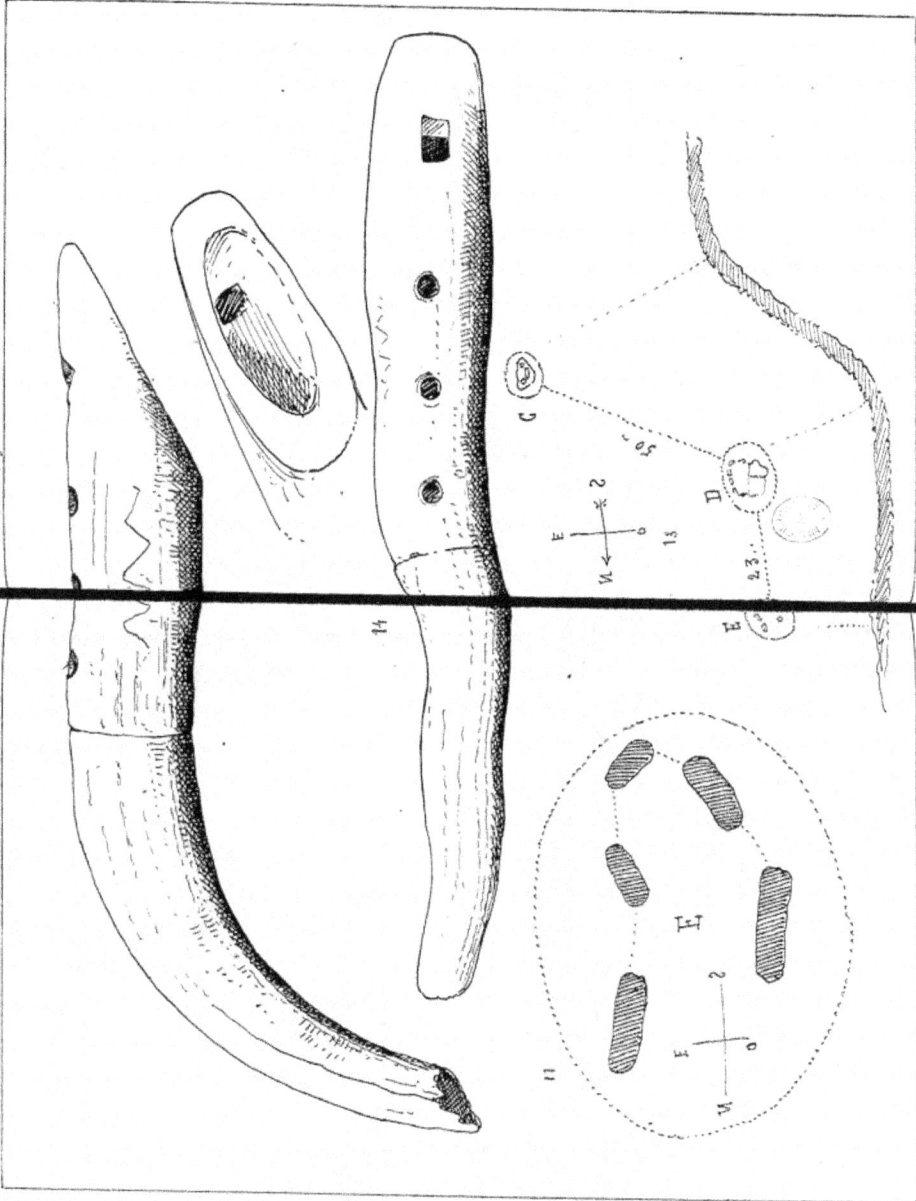

Pl. 6.

Dessins de grandeur naturelle, sauf les figures 11, 15.

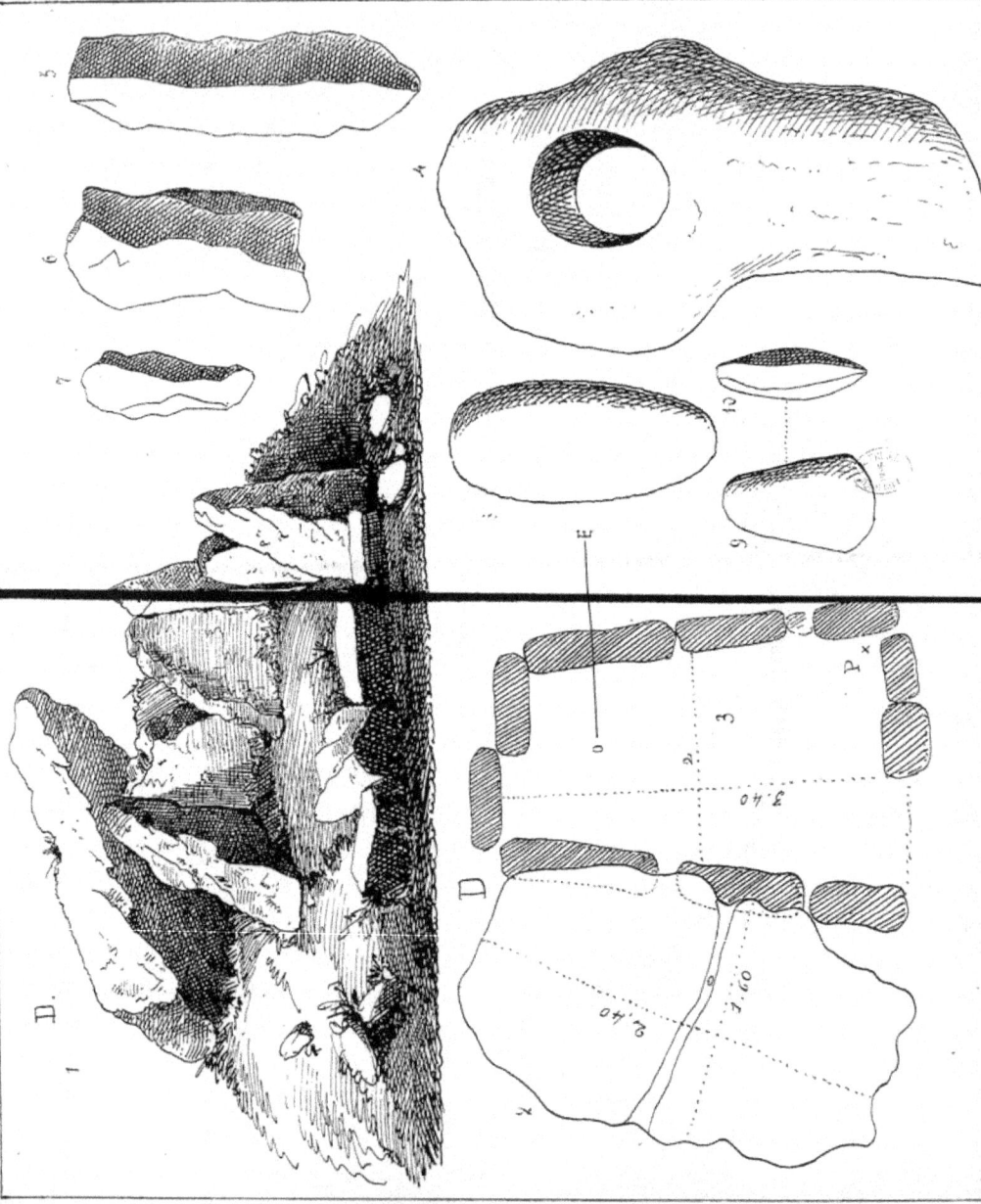

Dessins de grandeur naturelle, sauf les figures 1 2 3.

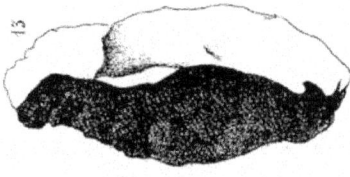

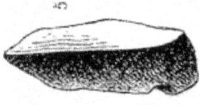

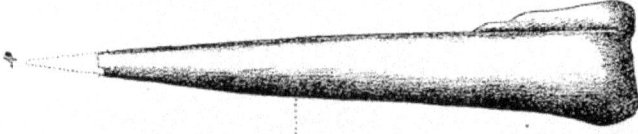

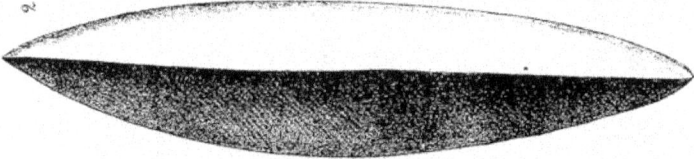

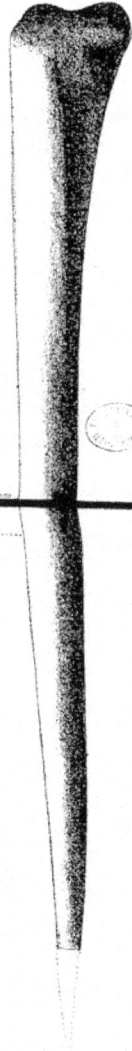

Dessins de grandeur naturelle.

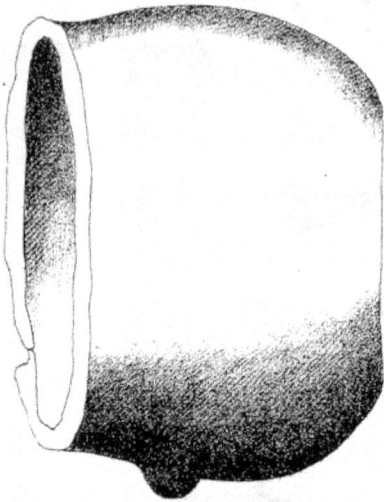

12

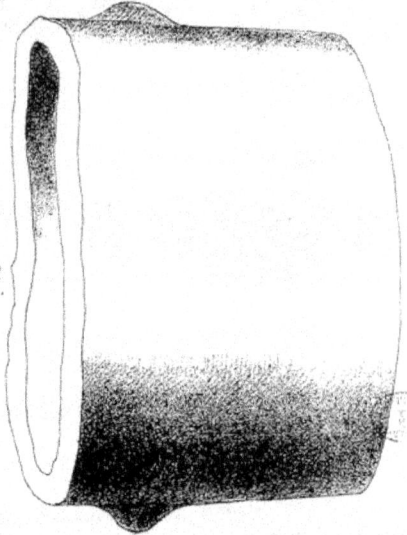

13

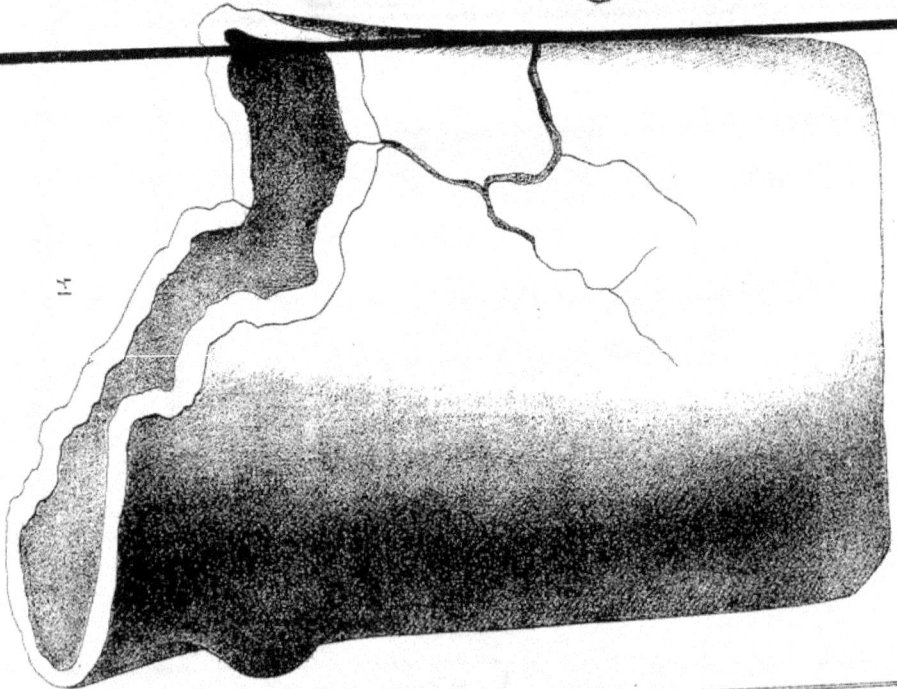

14

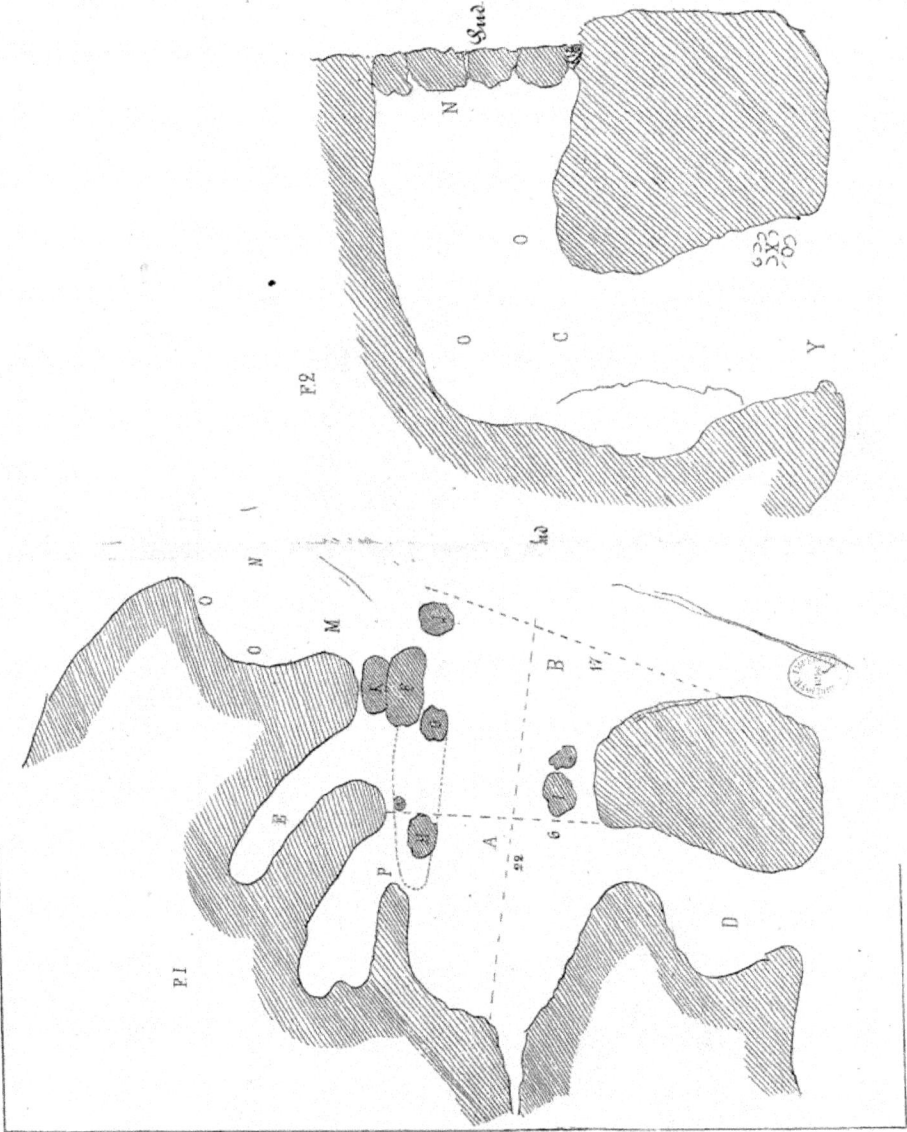

F2

Sud

N

O

O

C

Y

N

O

M

E

P

A

B

W

D

PI

Pl. 9.

Fig 1.

Fig 2.

Fig 3.

Fig 4.

Fig 5.

Fig 6.

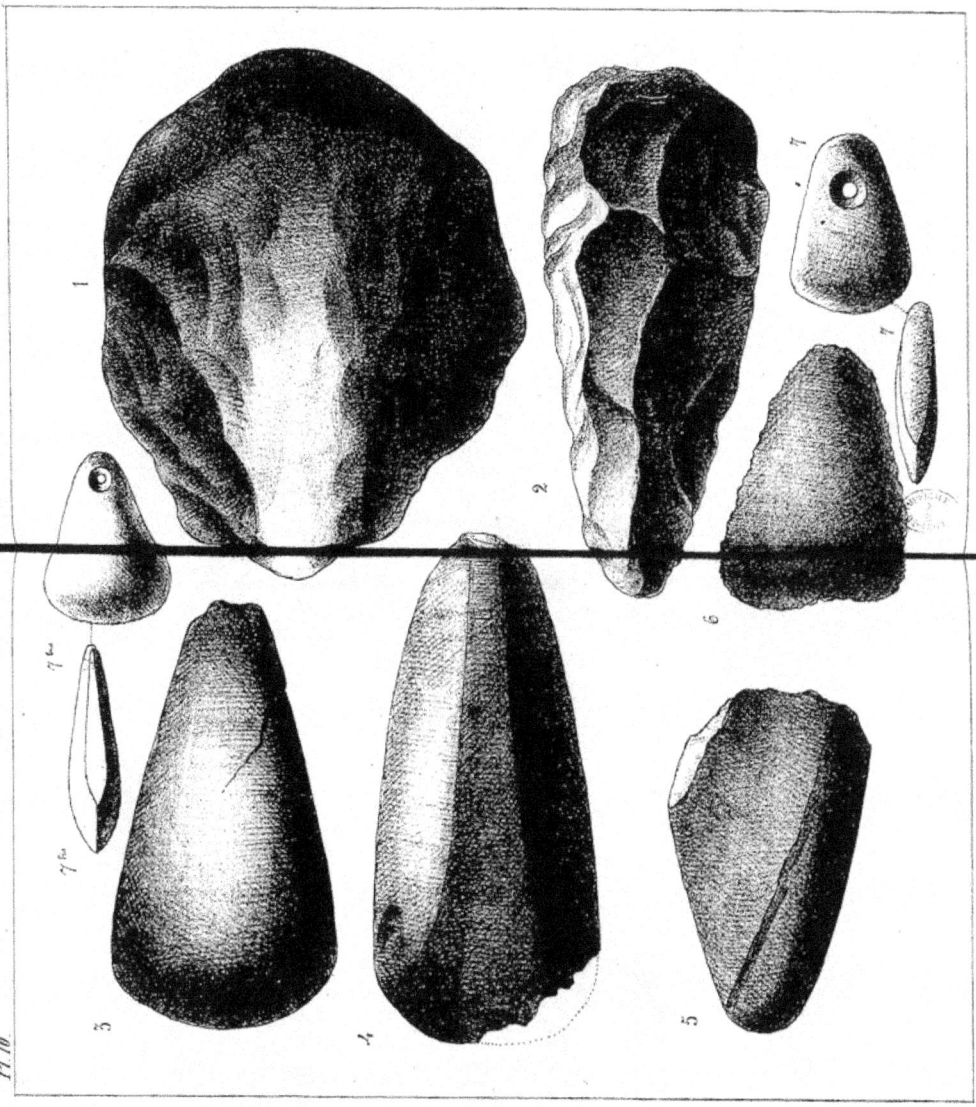

Pl. 10

Dessins de grandeur naturelle

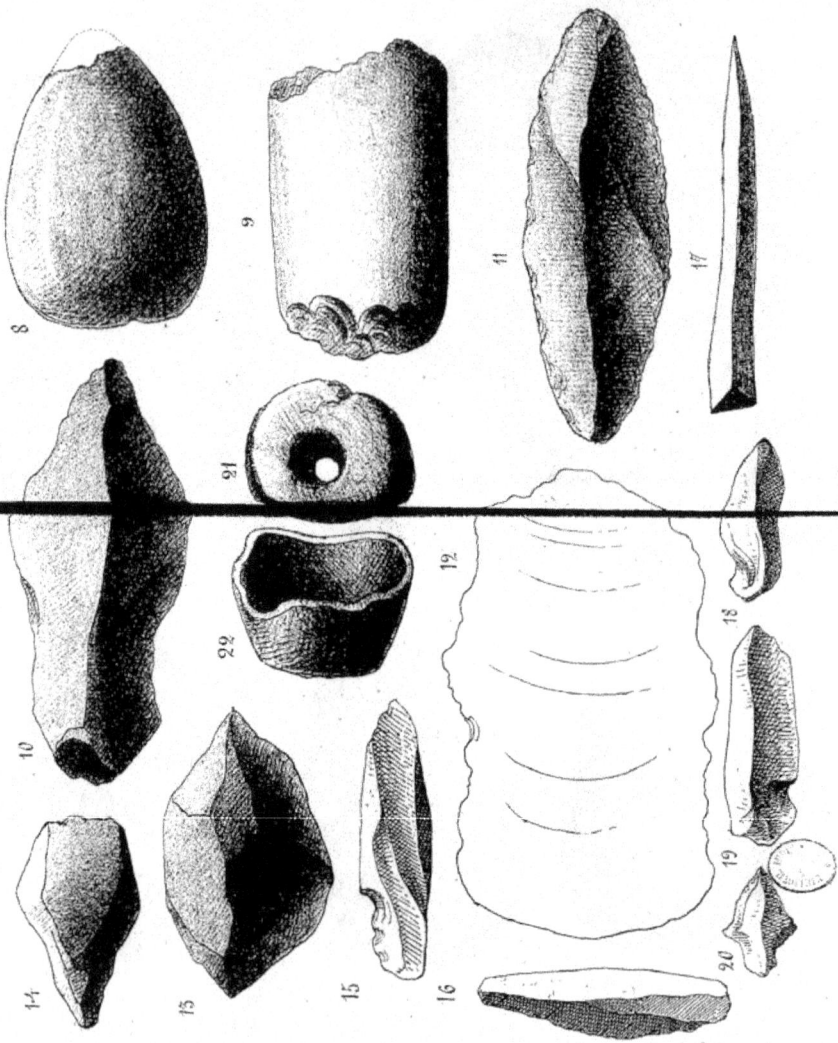

Dessins de grandeur naturelle

Pl 10 bis

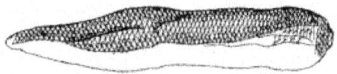

27

26

25

24

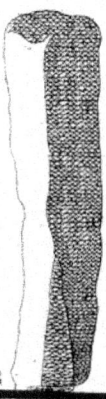

23

22

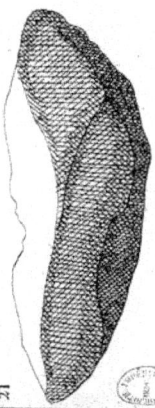

21

13

12

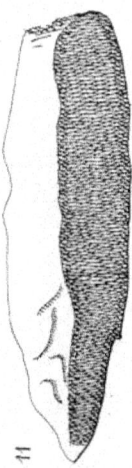

11

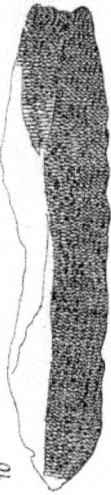

10

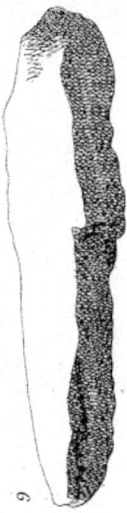

9

8

Pl. II.bis

Dessins de grandeur naturelle

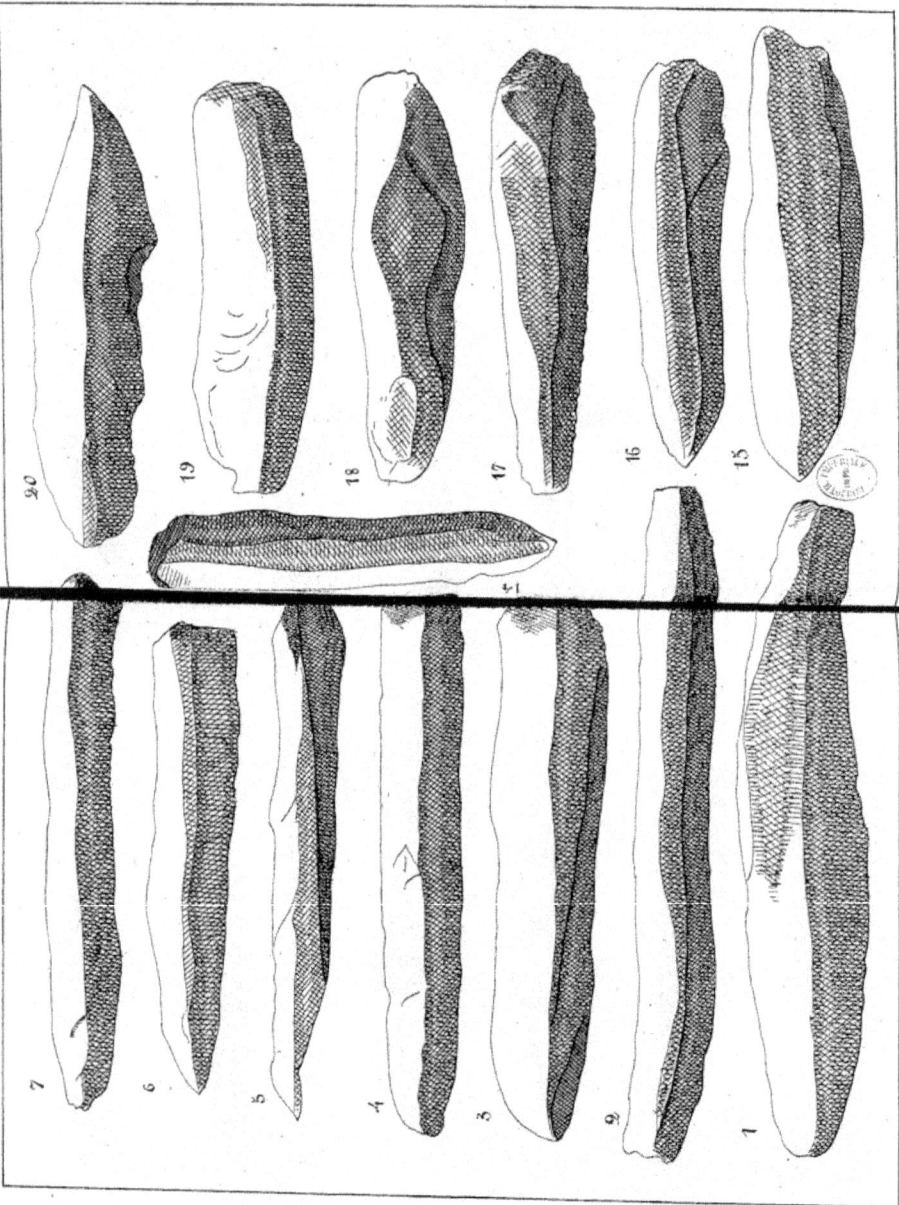

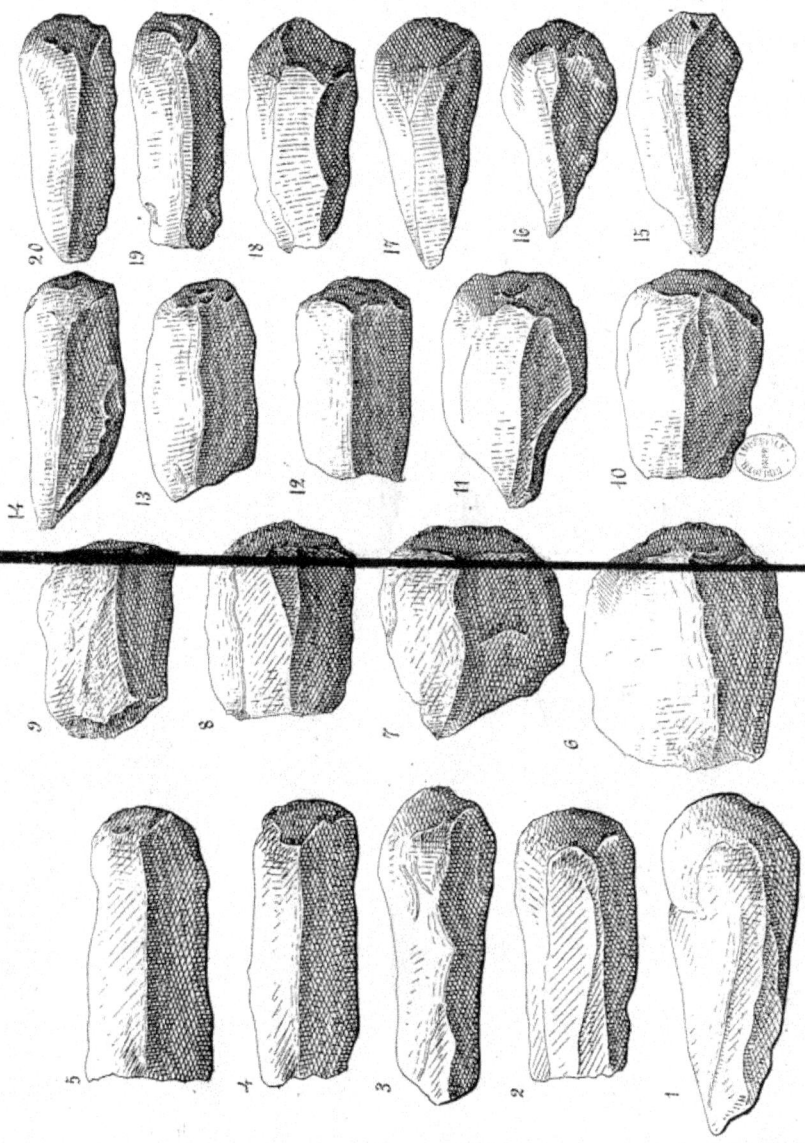

Pl. 12.

Dessins de grandeur naturelle.

Pl. 12.bis

Dessus de grandeur naturelle.

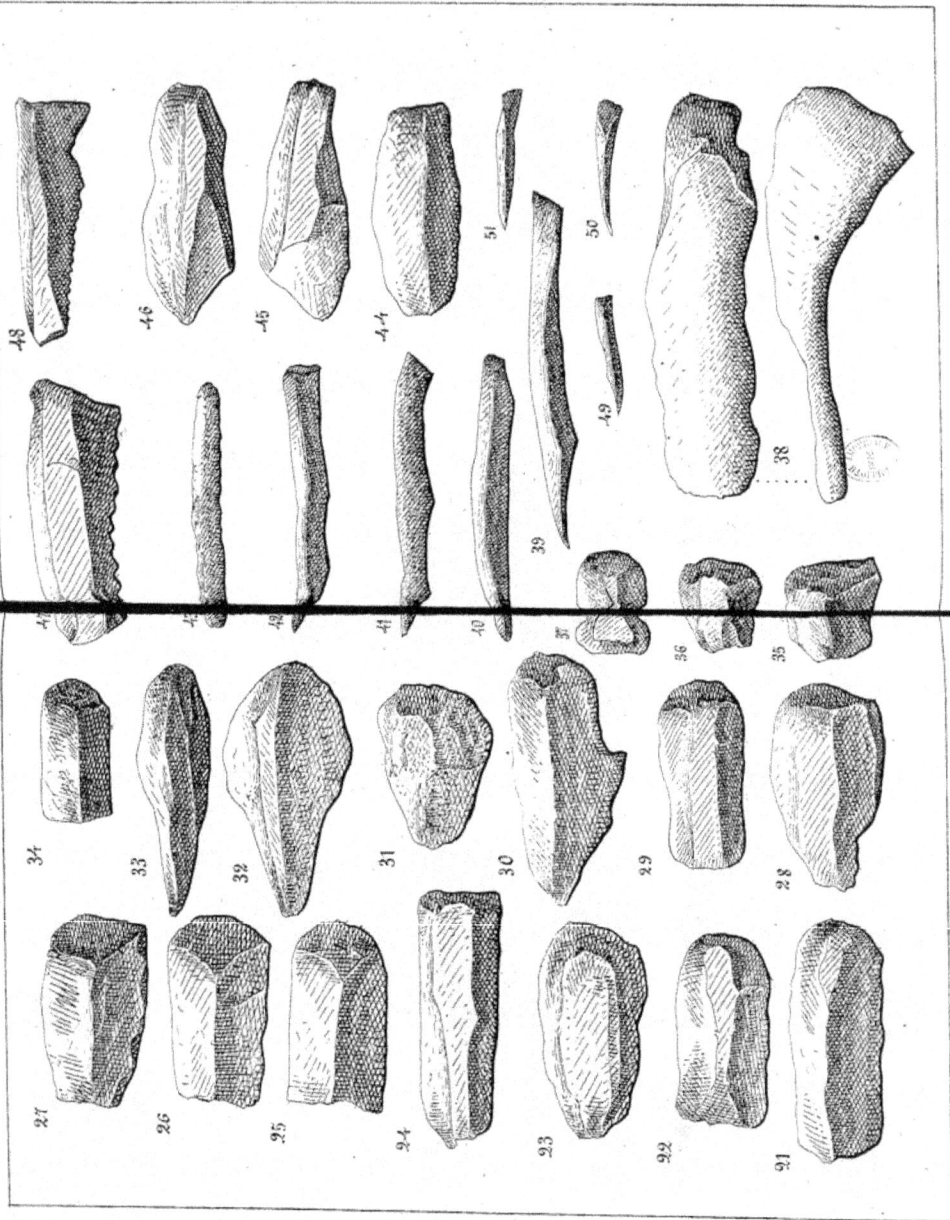

Pl. 73.

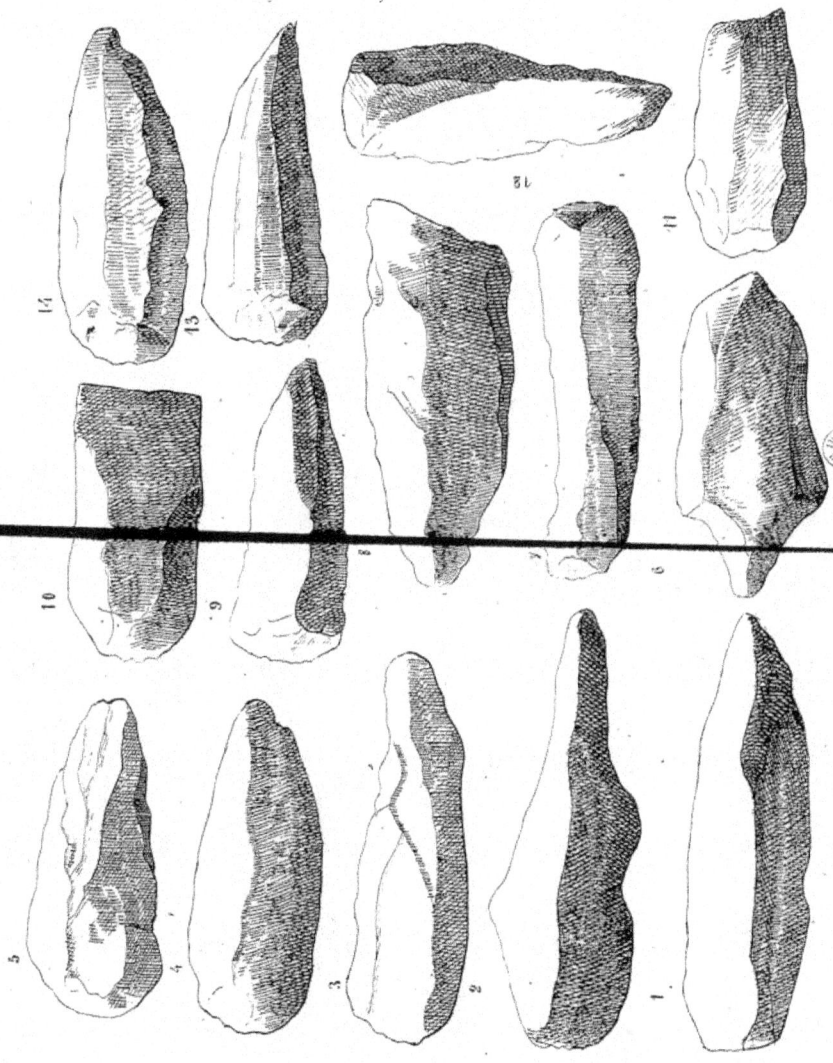

Dessins grandeur naturelle.

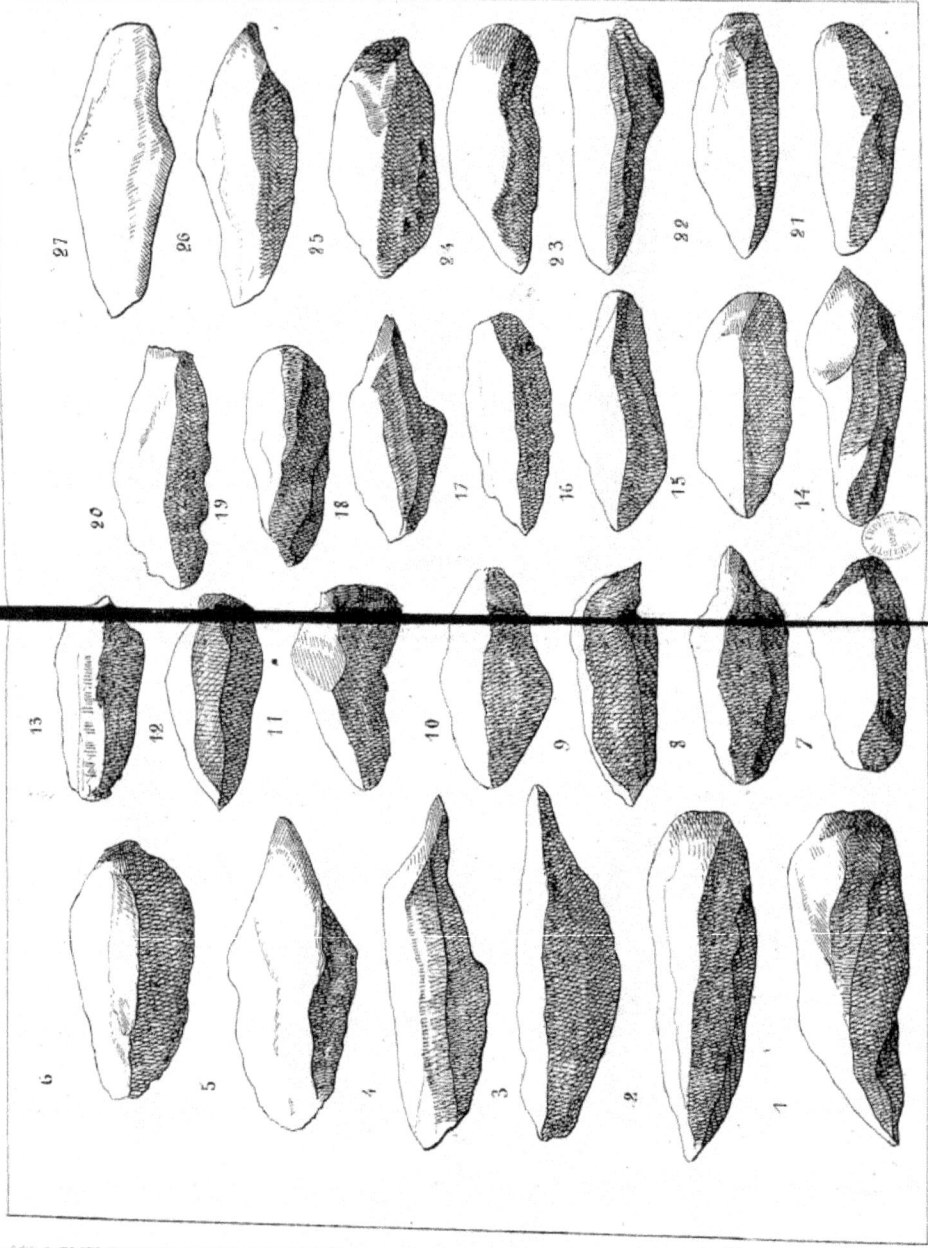

Pl. 14.

27 26 25 24 23 22 21

20 19 18 17 16 15 14

13 12 11 10 9 8 7

6 5 4 3 2 1

Dessins grandeur naturelle.

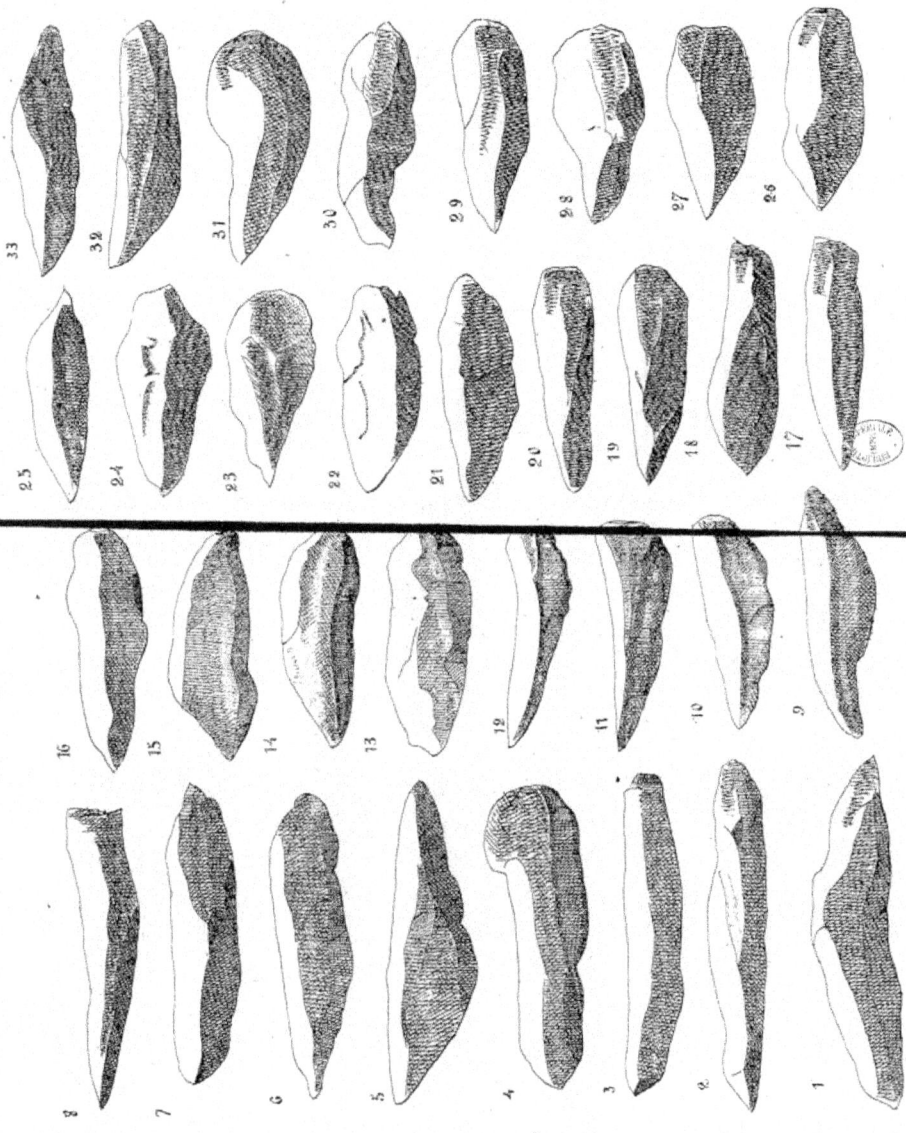

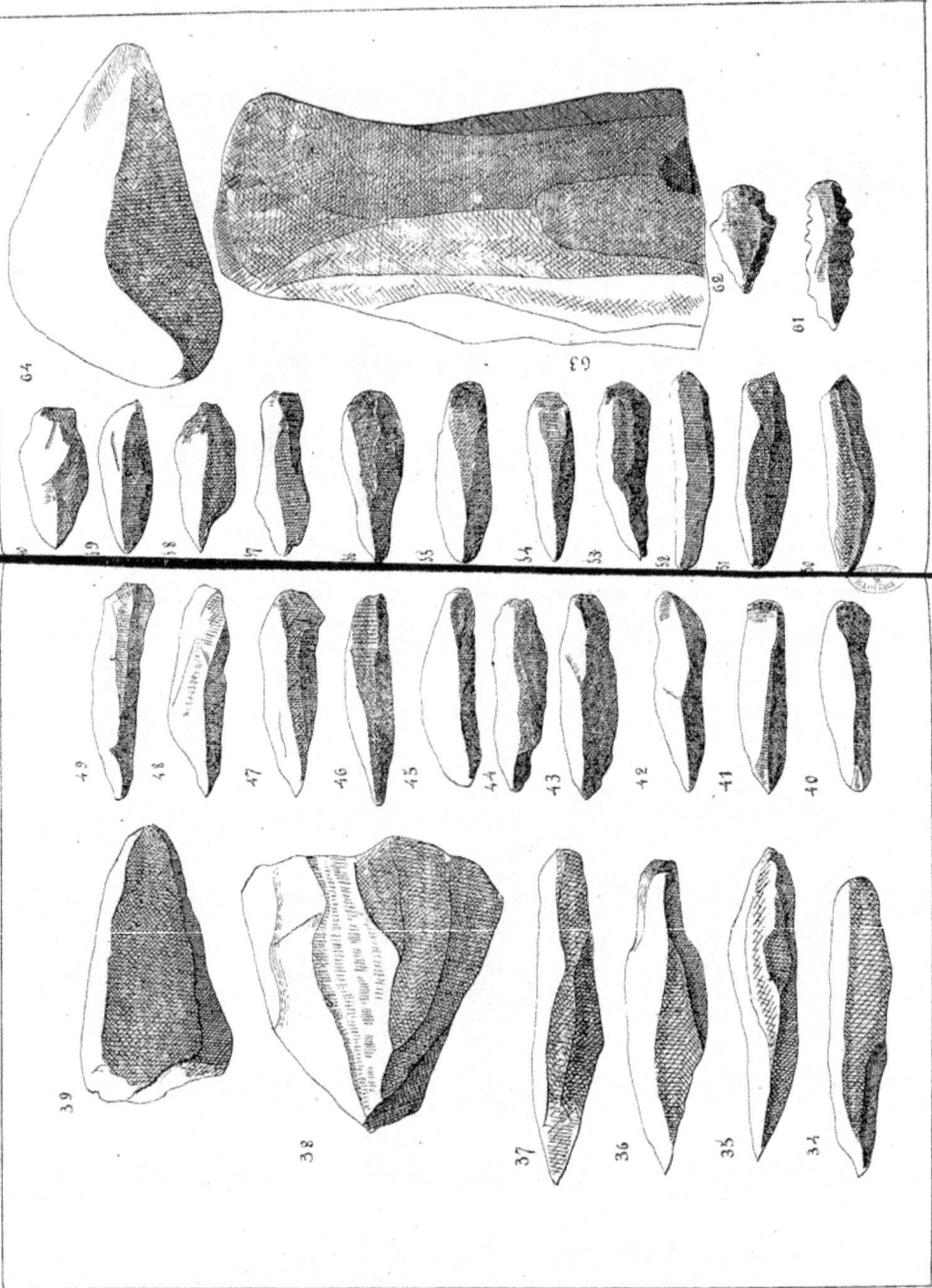

Pl. 15 bis

Dessins grandeur nat.

64

63

62

61

59

58

57

56

55

54

53

52

51

50

49

48

47

46

45

44

43

42

41

40

39

38

37

36

35

34

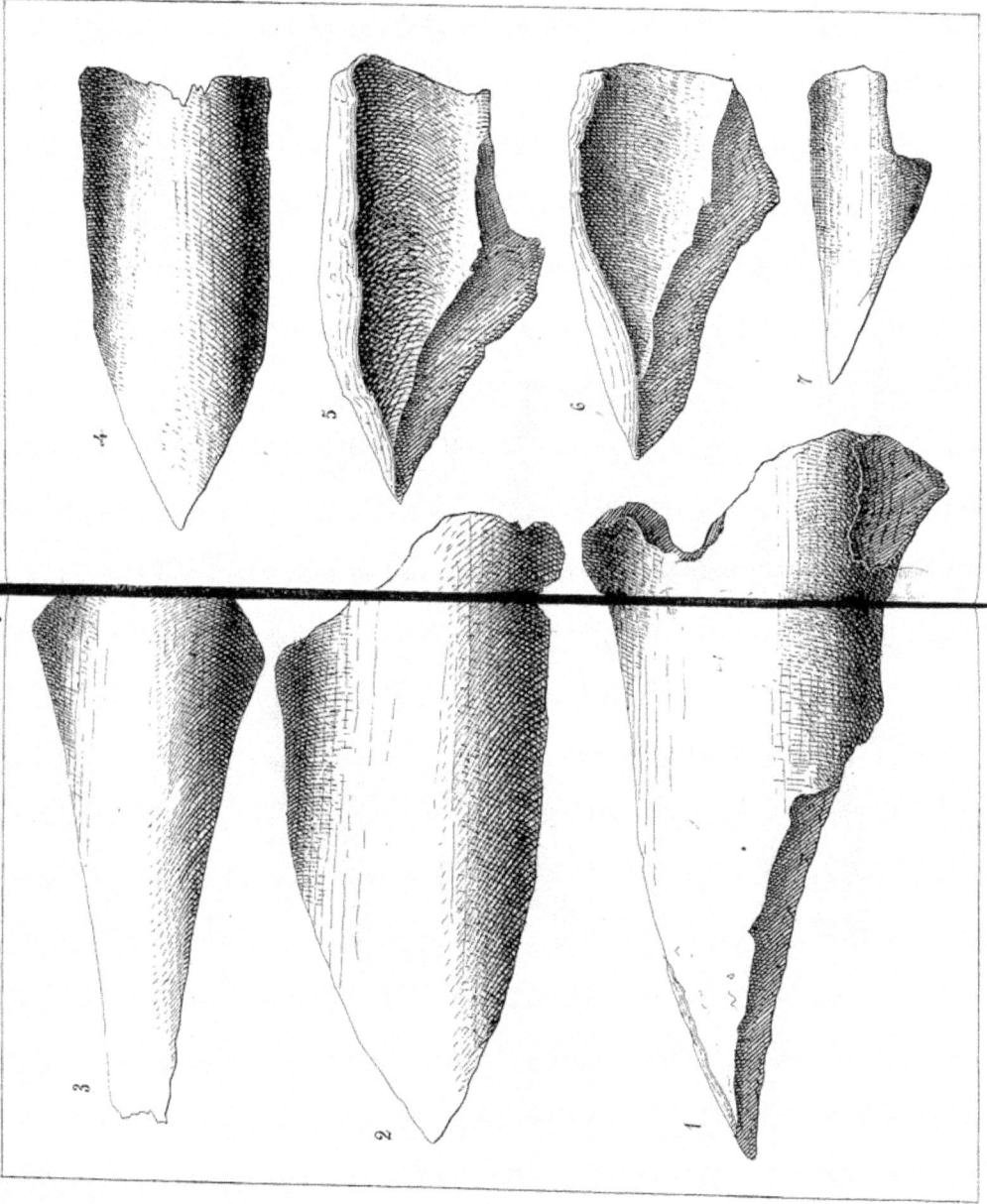

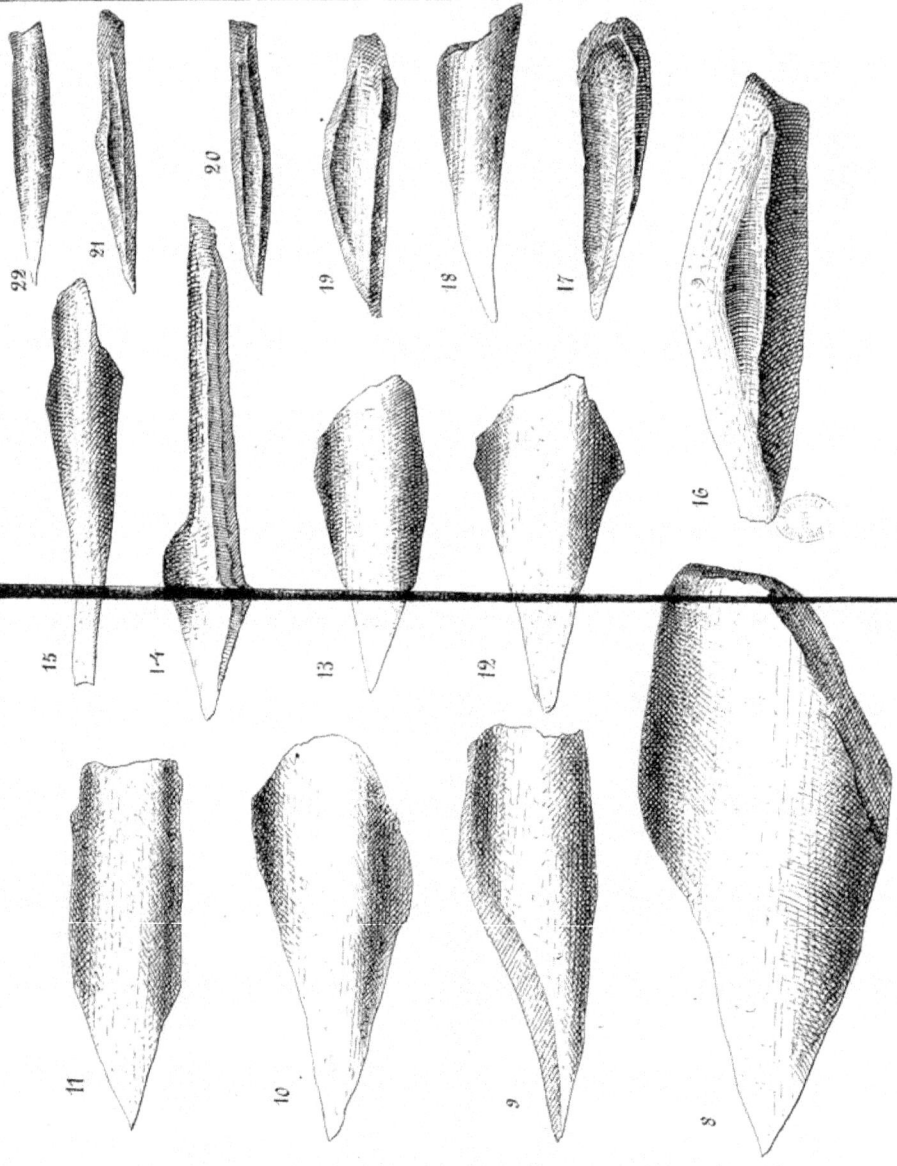

Pl. 16.bis

Dessins de grandeur naturelle.

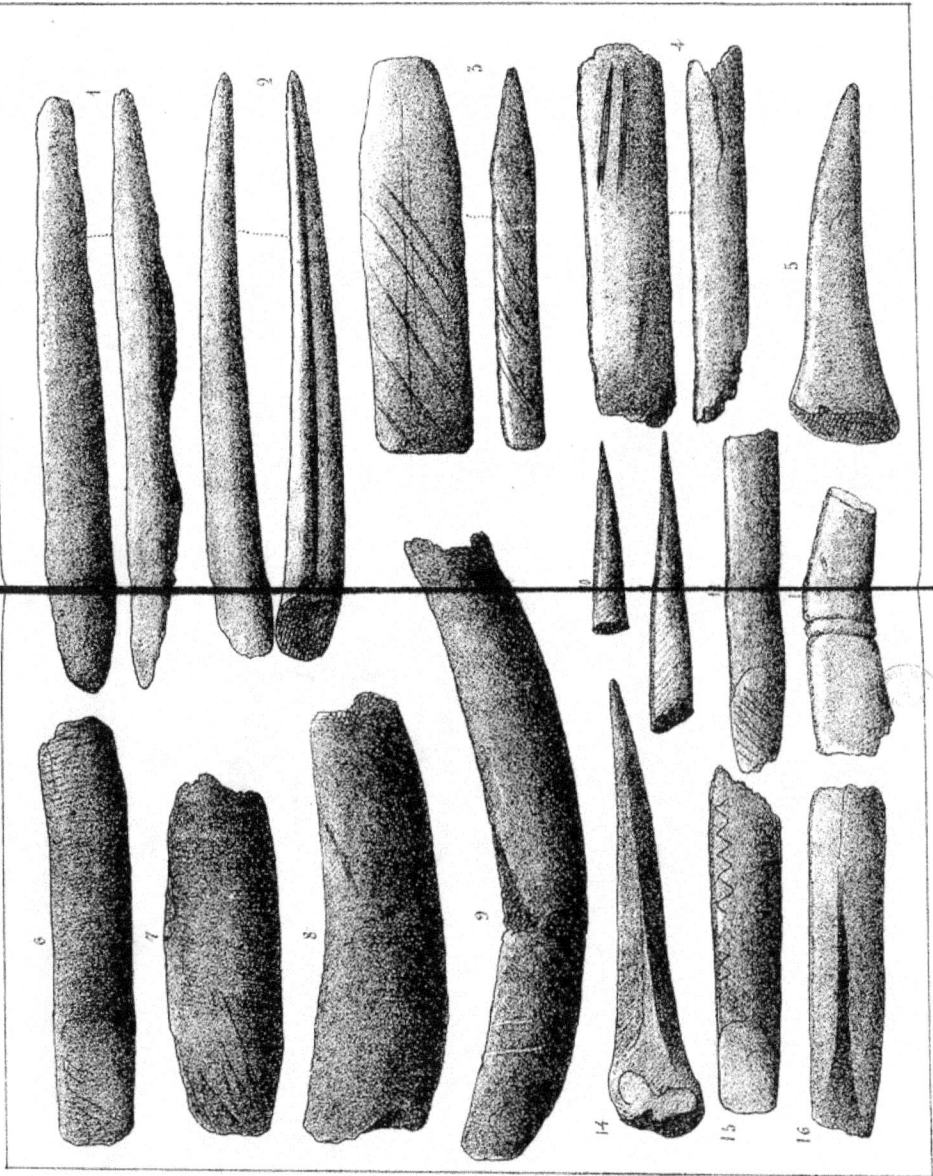

Pl. 11.

Dessins de grandeur naturelle.

Pl. 17.

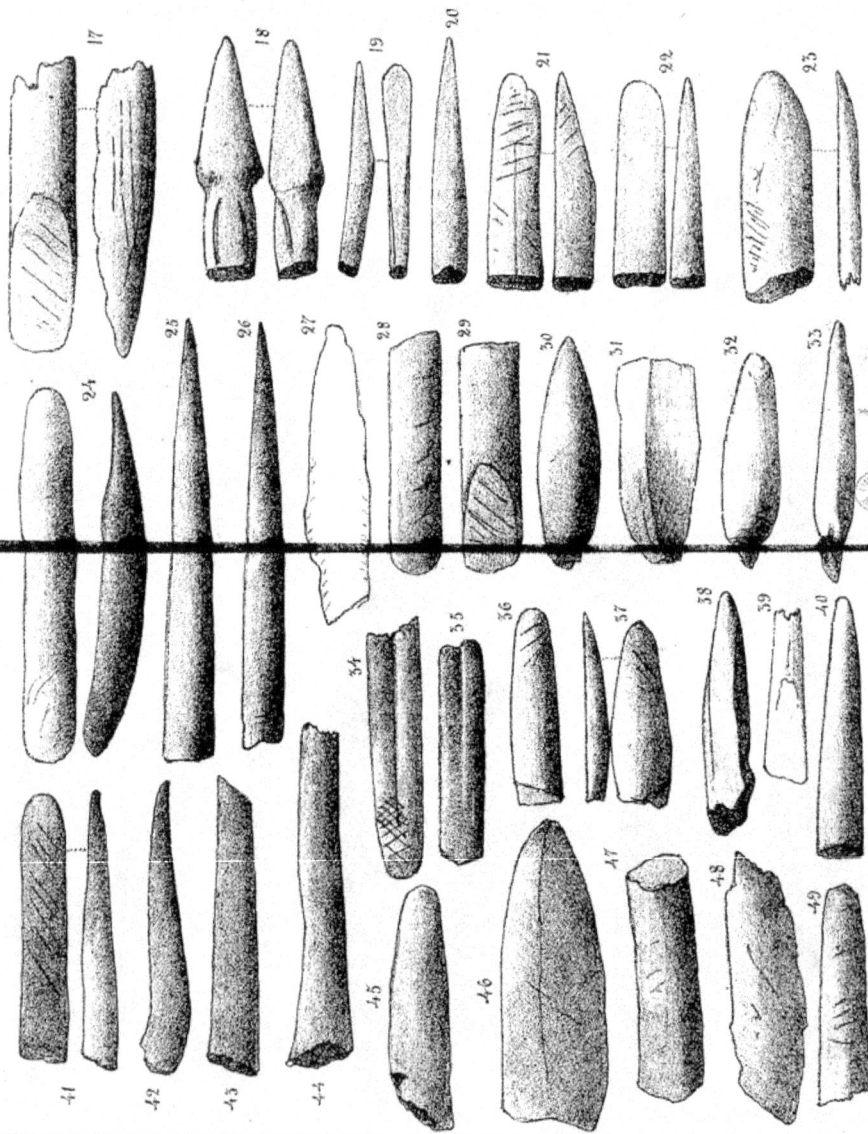

Pl. 18.

Dessins grandeur naturelle

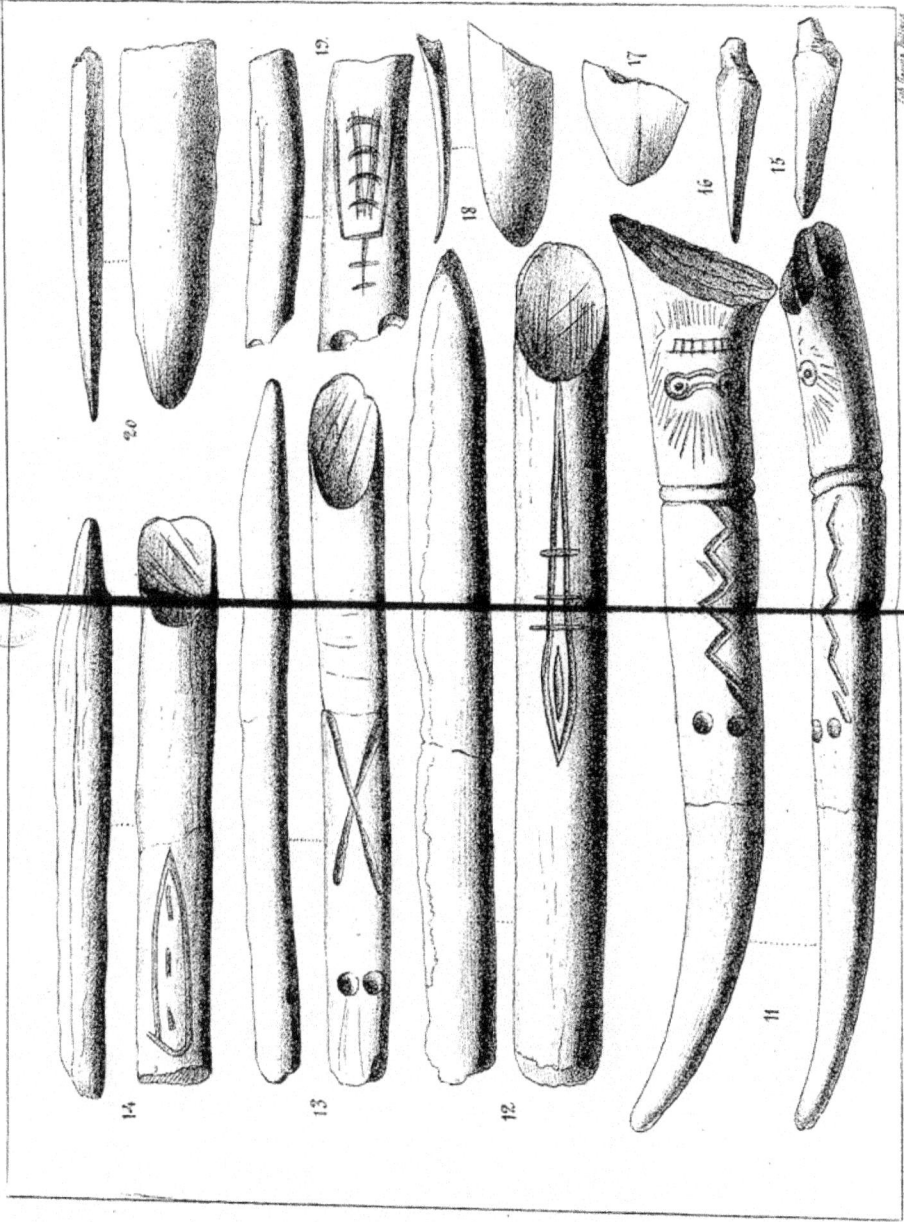

11

12

13

14

15

16

17

18

19

20

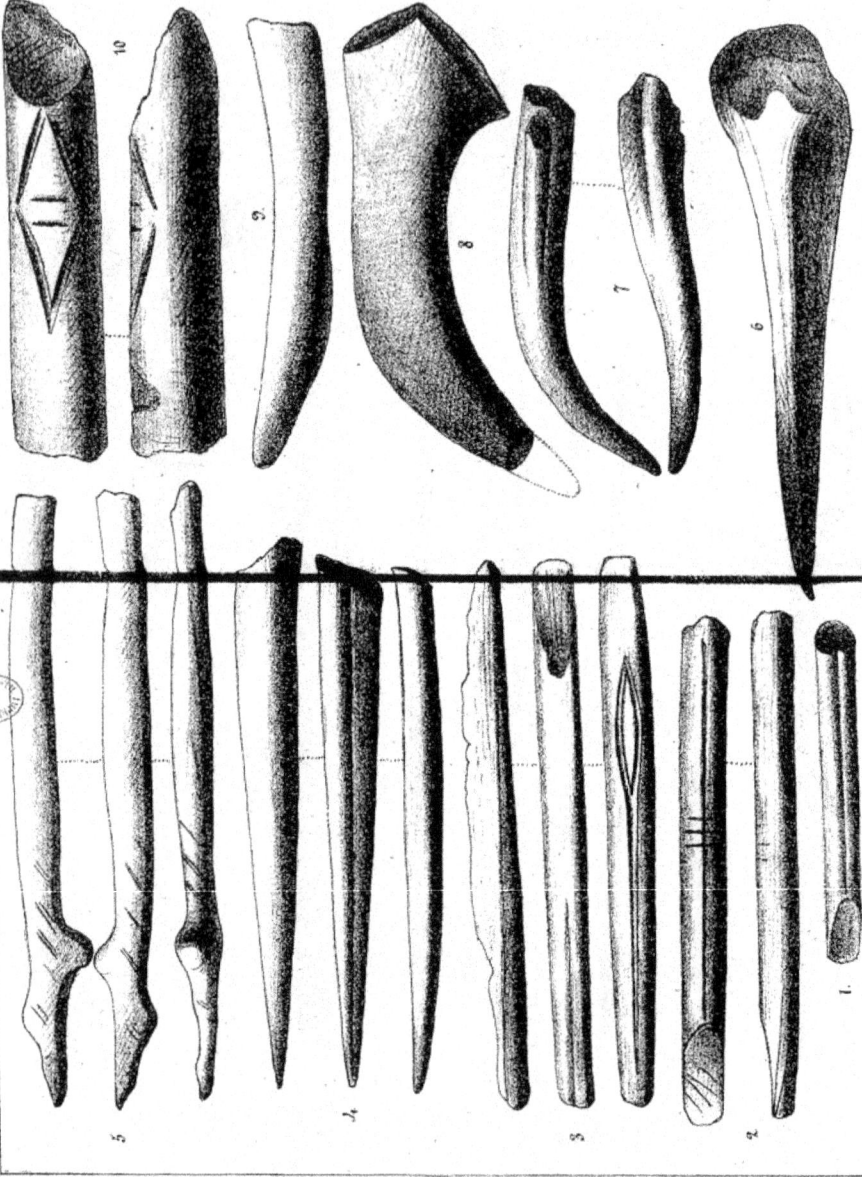

Pl. 18 bis

Dessins grandeur naturelle

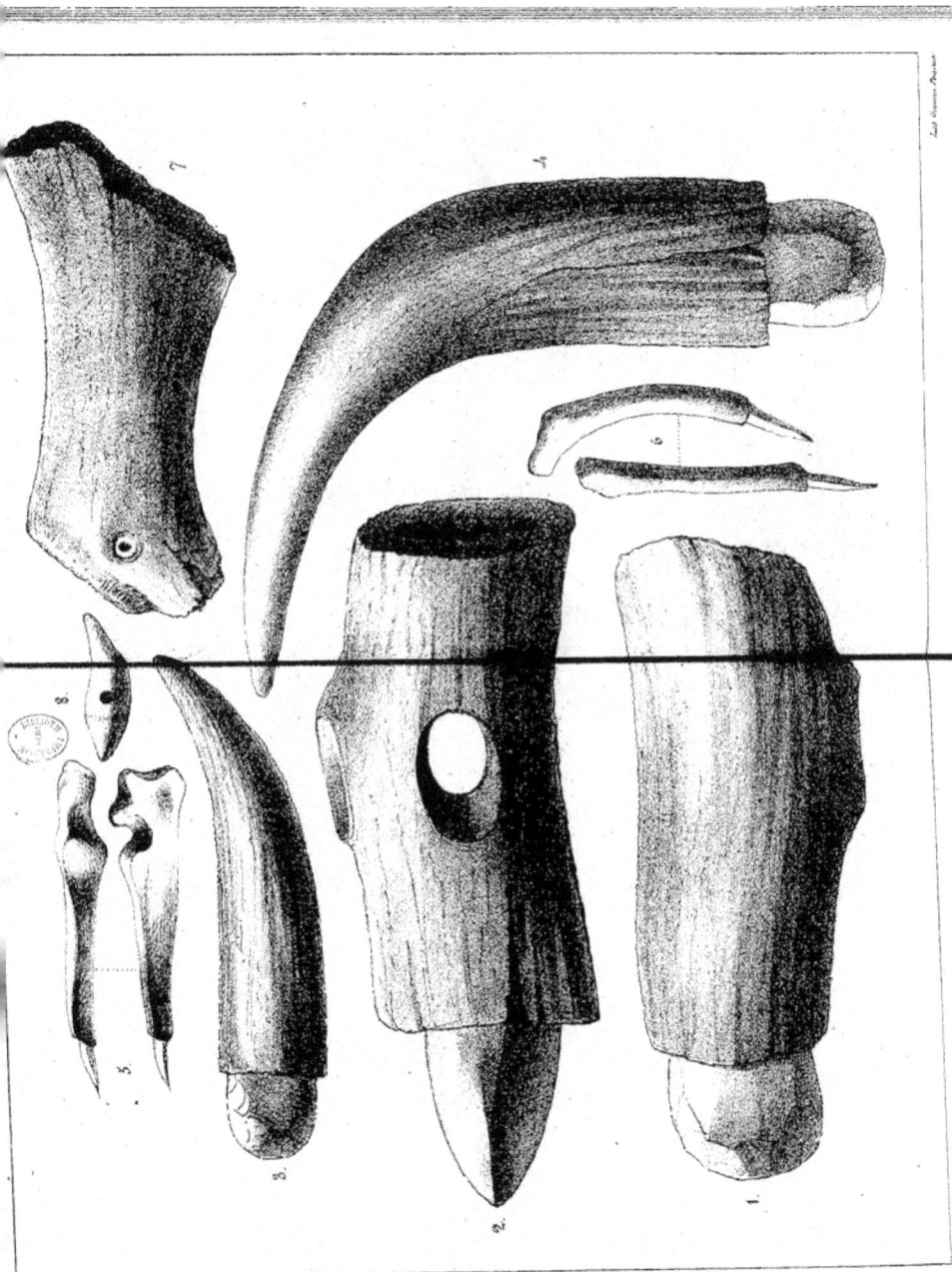

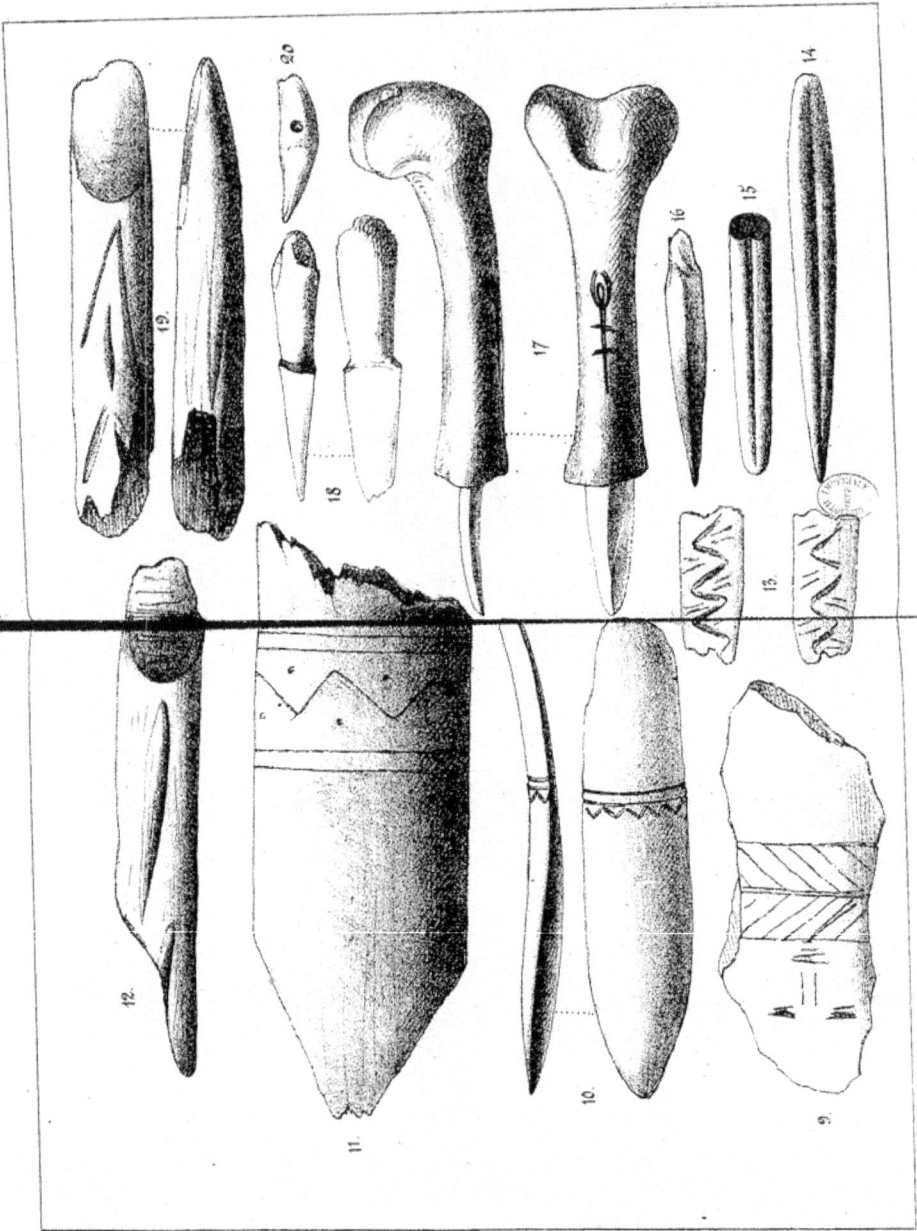

Dessiné en grandeur naturelle.

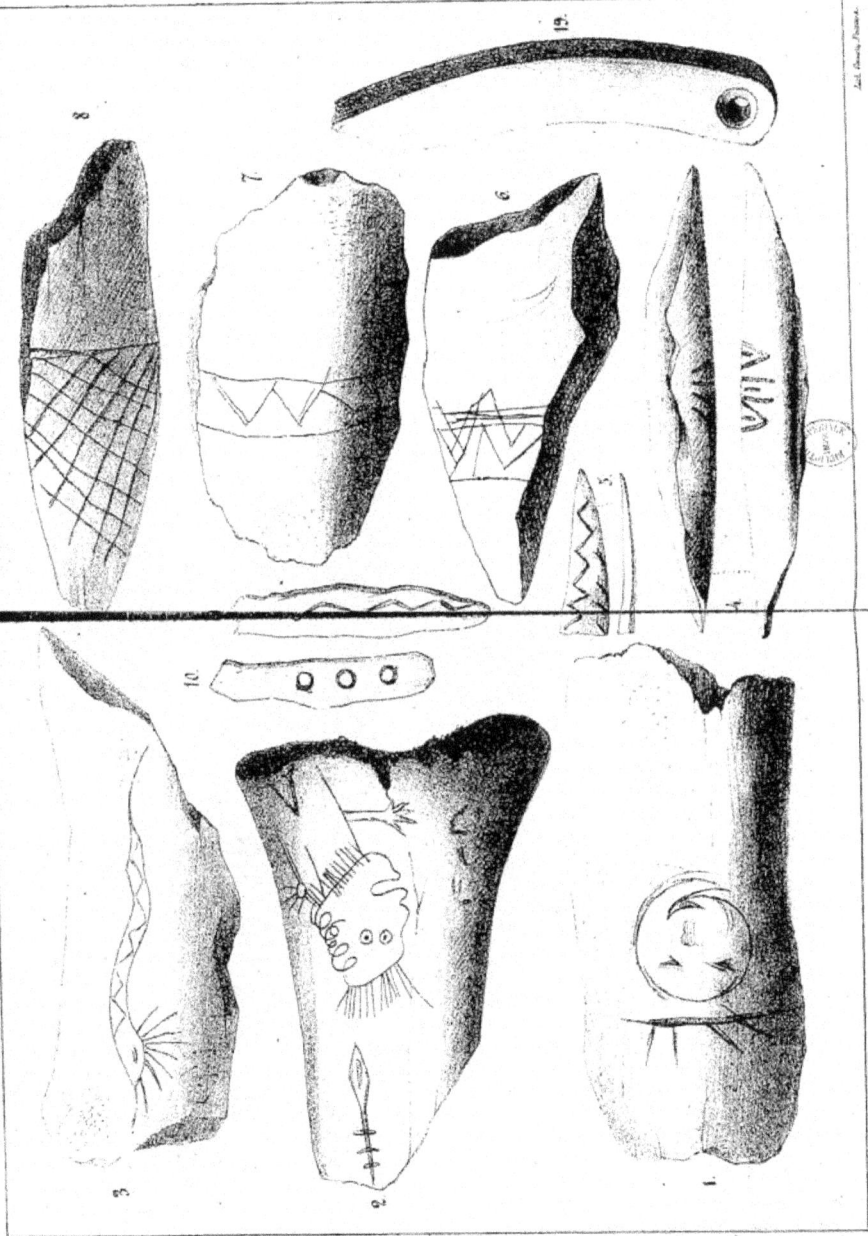

Dessins de grandeur naturelle.

Dessins de grandeur naturelle

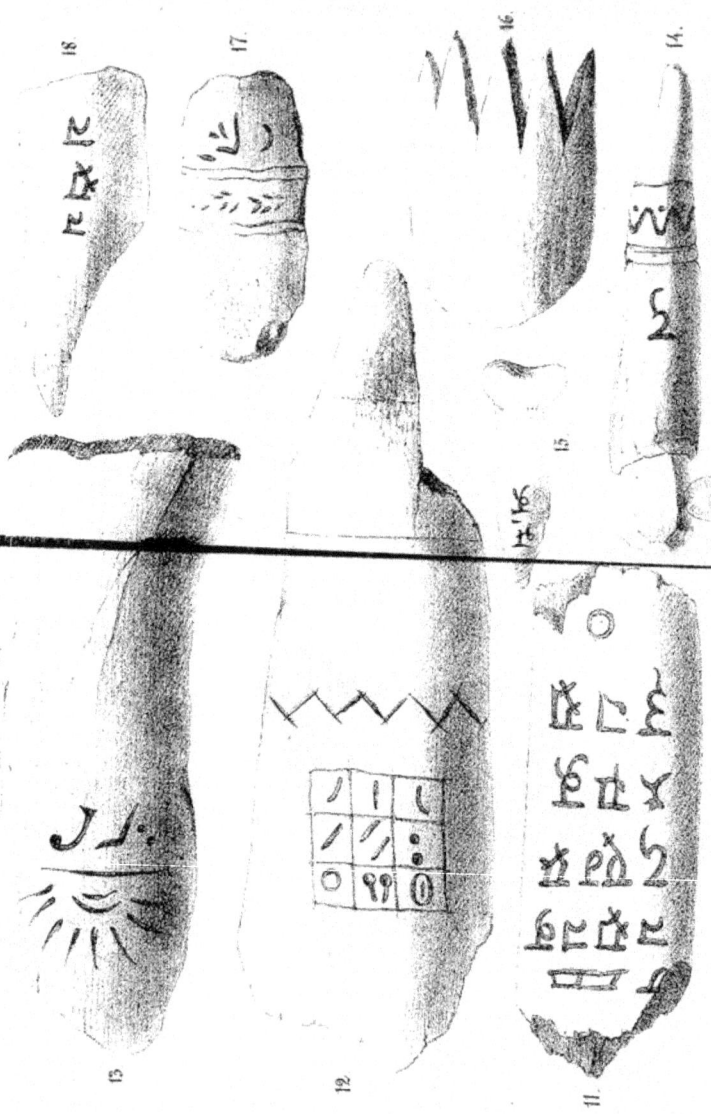

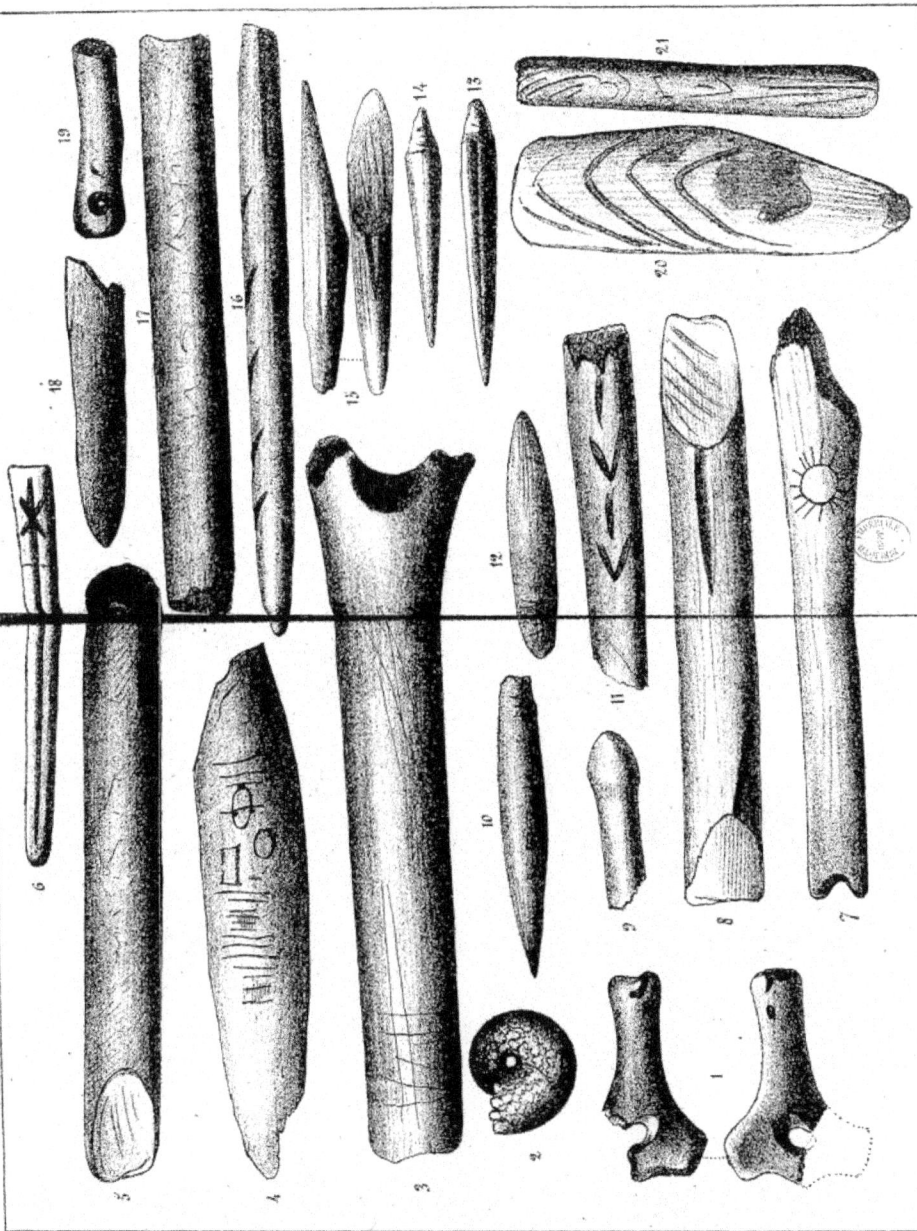

Dessins grandeur naturelle.

Pl 22.

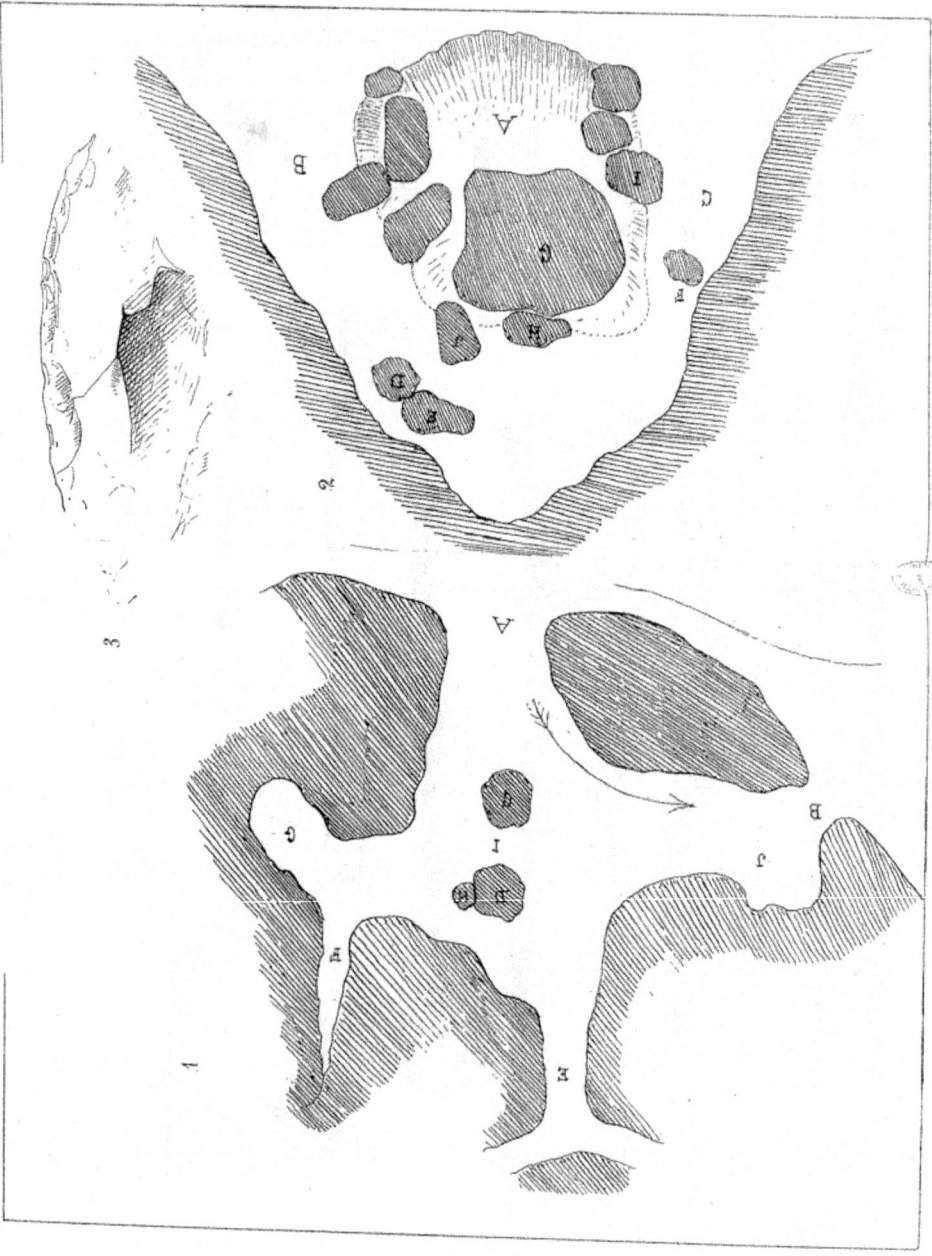

F. 3 Dessin de grandeur naturelle

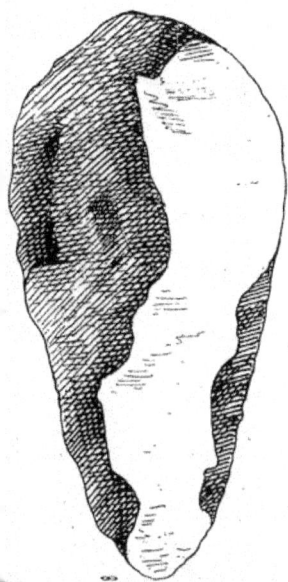

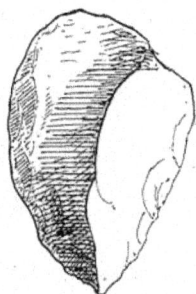

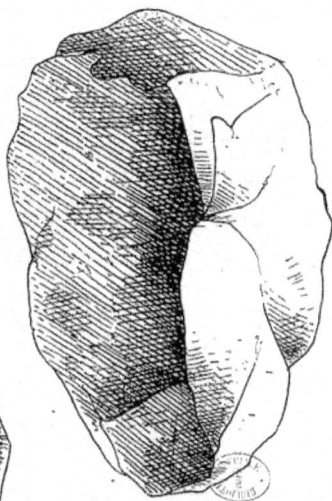

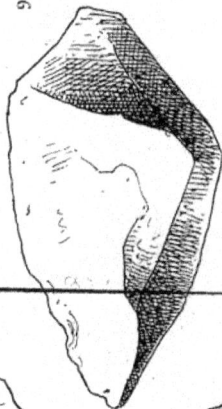

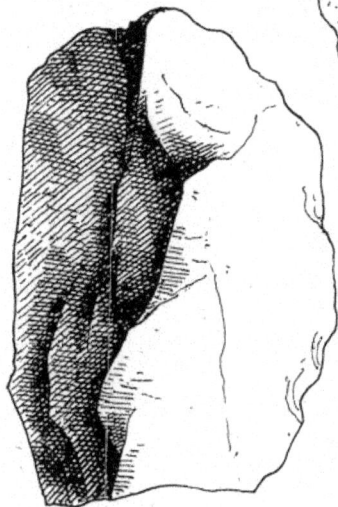

Pl. 23.

Dessins de grandeur naturelle.

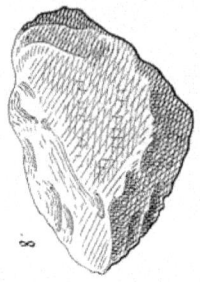

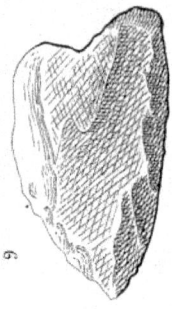

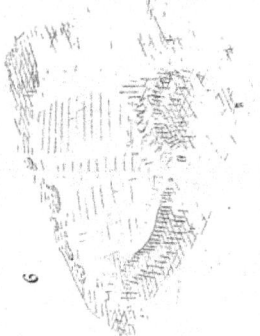

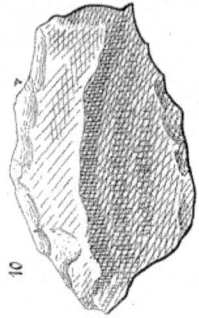

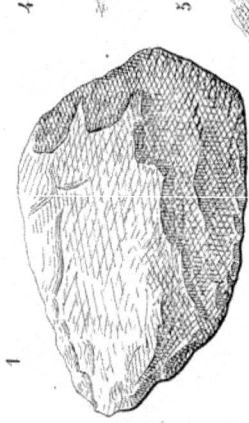

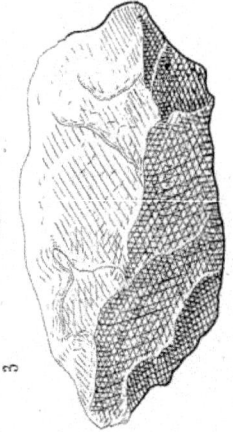

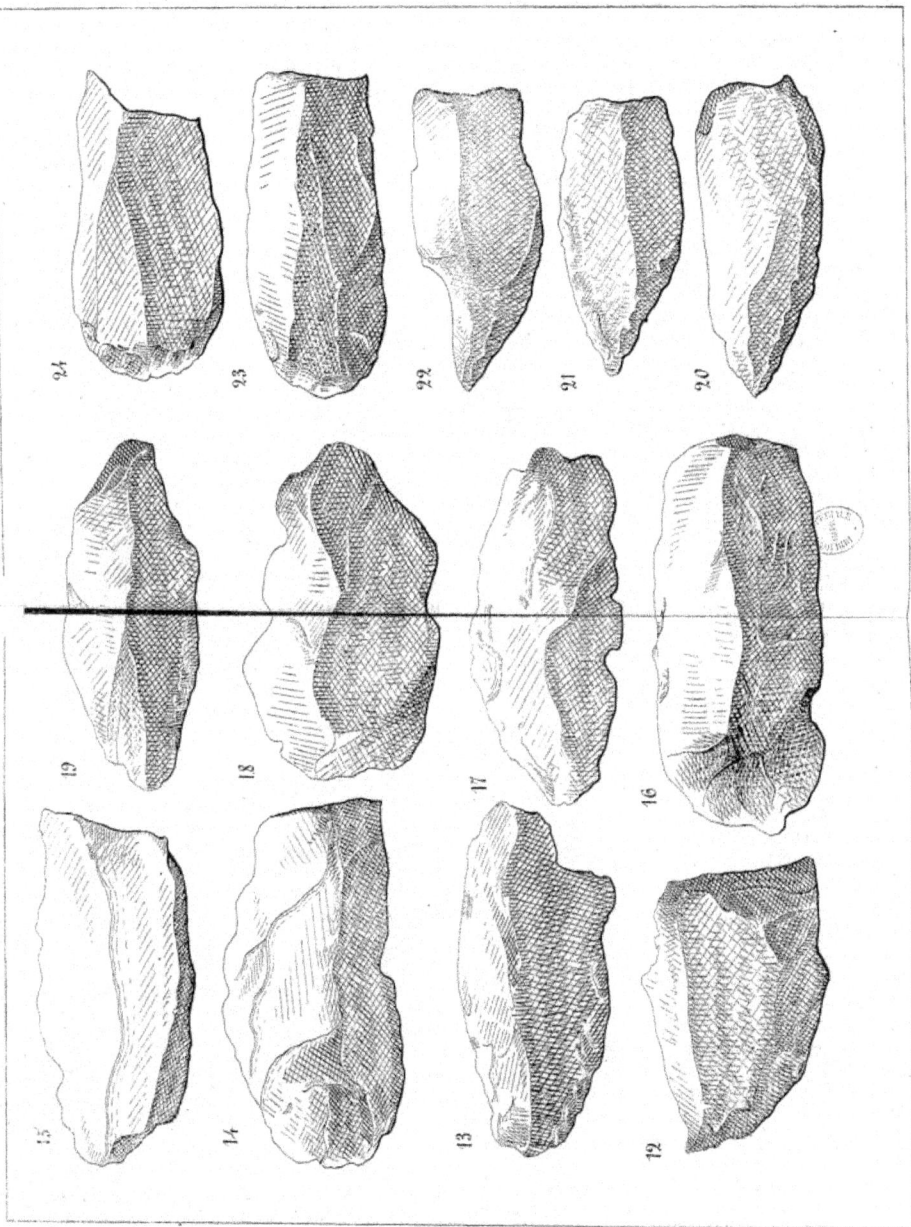

PL.25. bis

Dessins de grandeur naturelle.

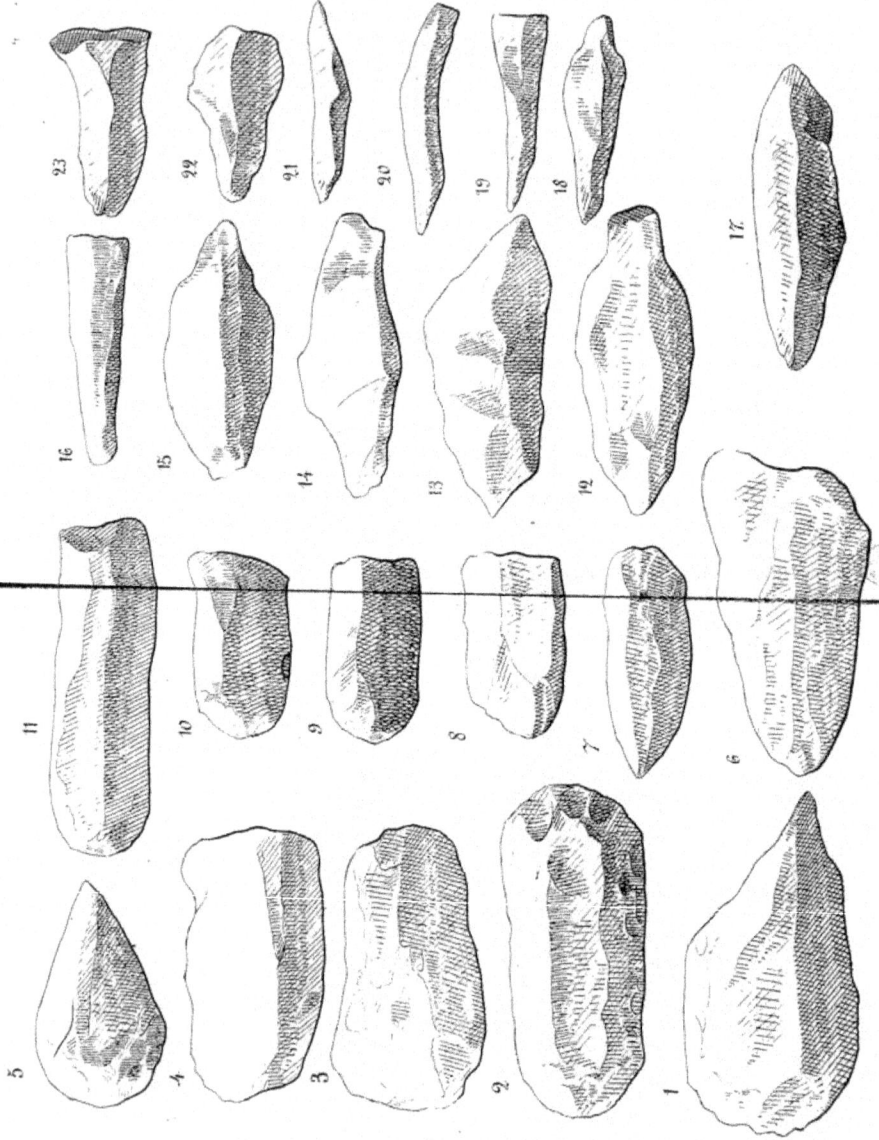

Pl. 24.

Dessins de grandeur naturelle.

Pl. 24. bis

Dessins de grandeur naturelle.

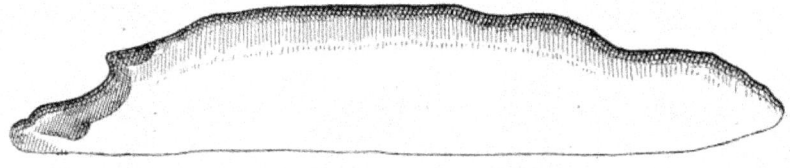

37

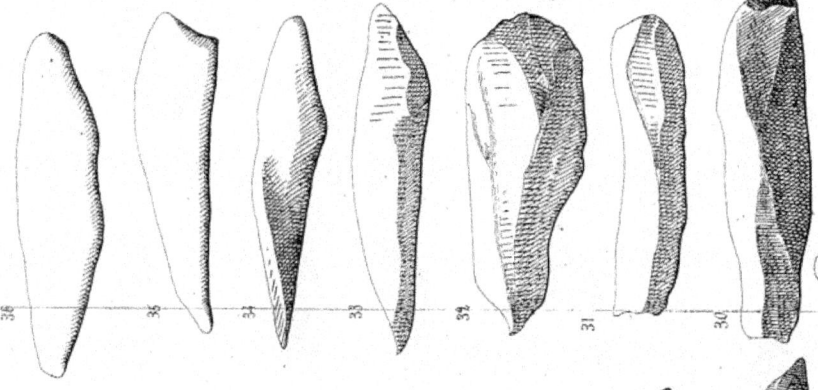

36 35 34 33 32 31 30

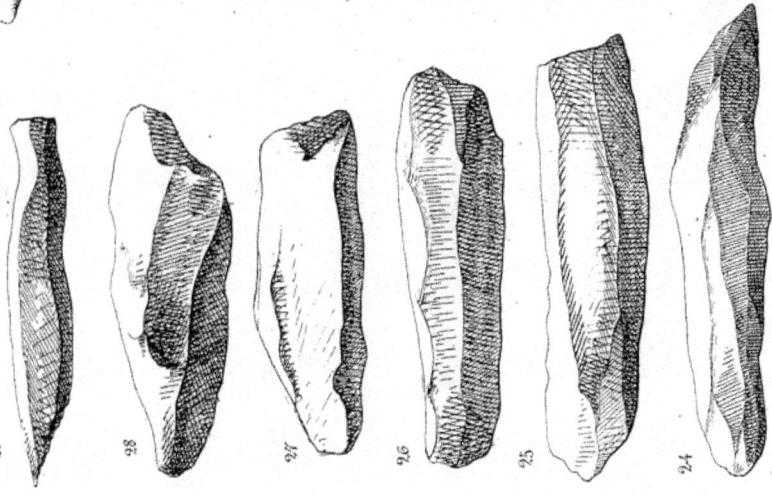

29 28 27 26 25 24

Pl. 25.

Dessins de grandeur naturelle

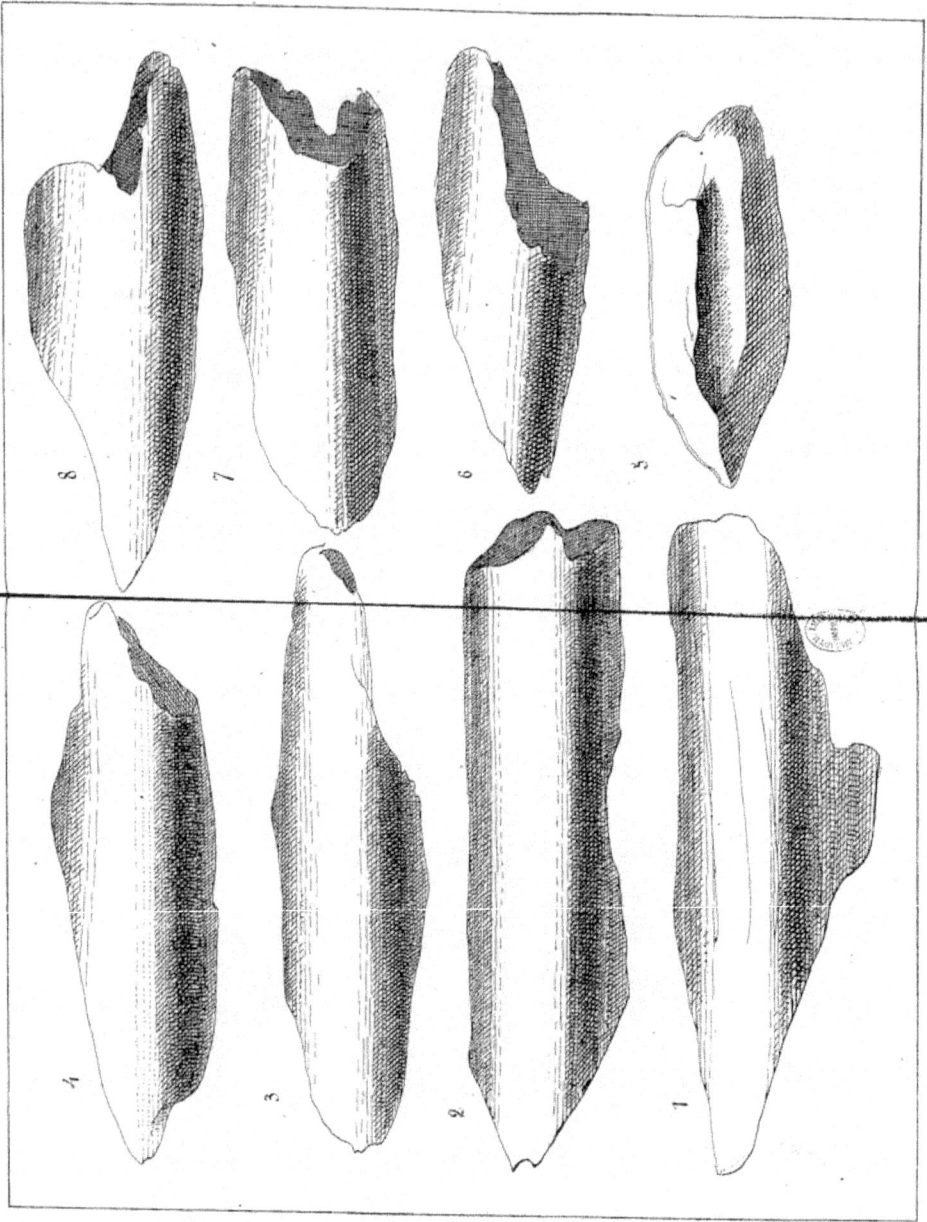

Pl. 25 bis

13

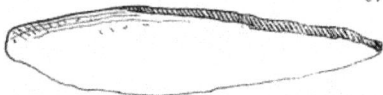

23

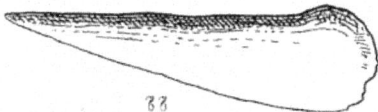

22

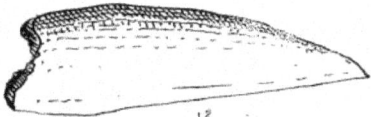

18

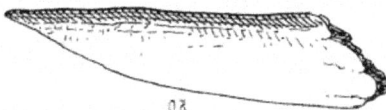

20

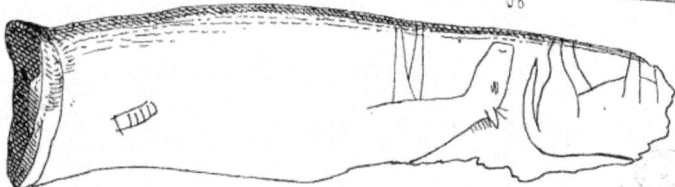

19

24

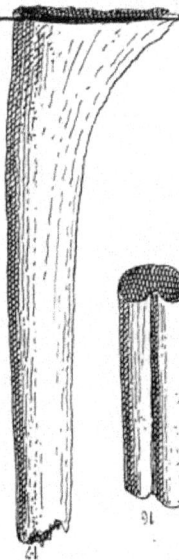

4

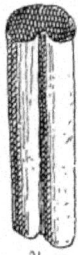

16

15

13

9   11

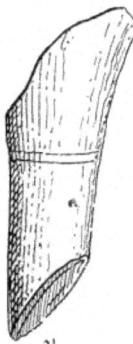

10

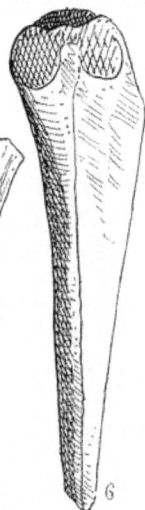

6

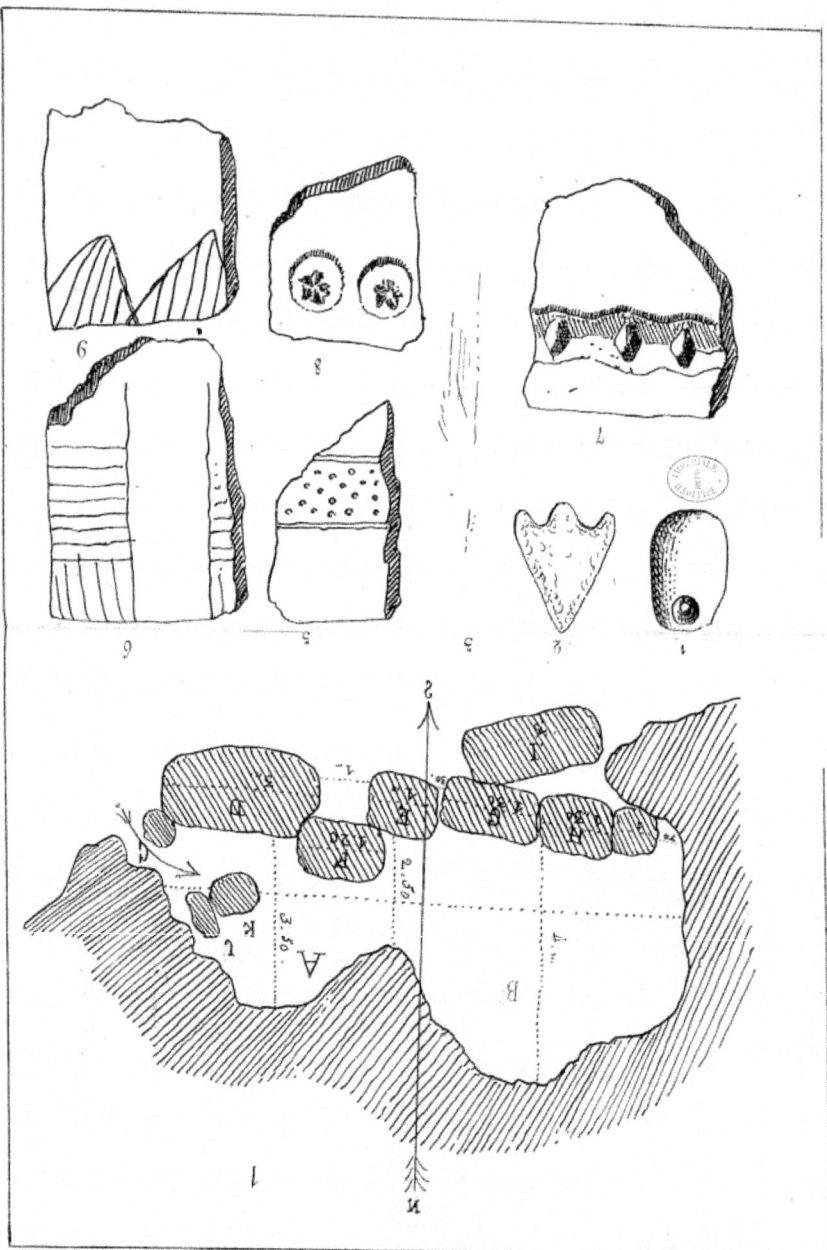

Dessins de grandeur naturelle sauf la Figure 1.

Pl. 26 bis.

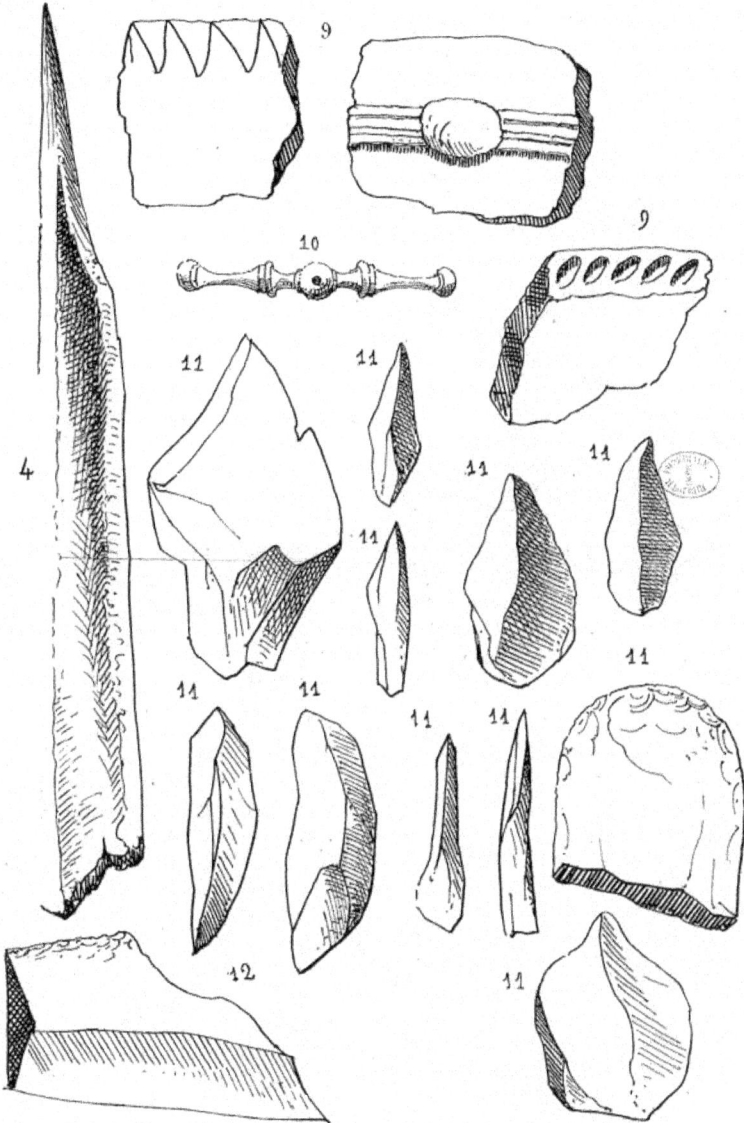

Dessins de . . . au naturelle

4

9

9

10

11

11

11

11

11

11

11

11

11

11

11

11

12

Pl. 27.

Dessins de grandeur elle.

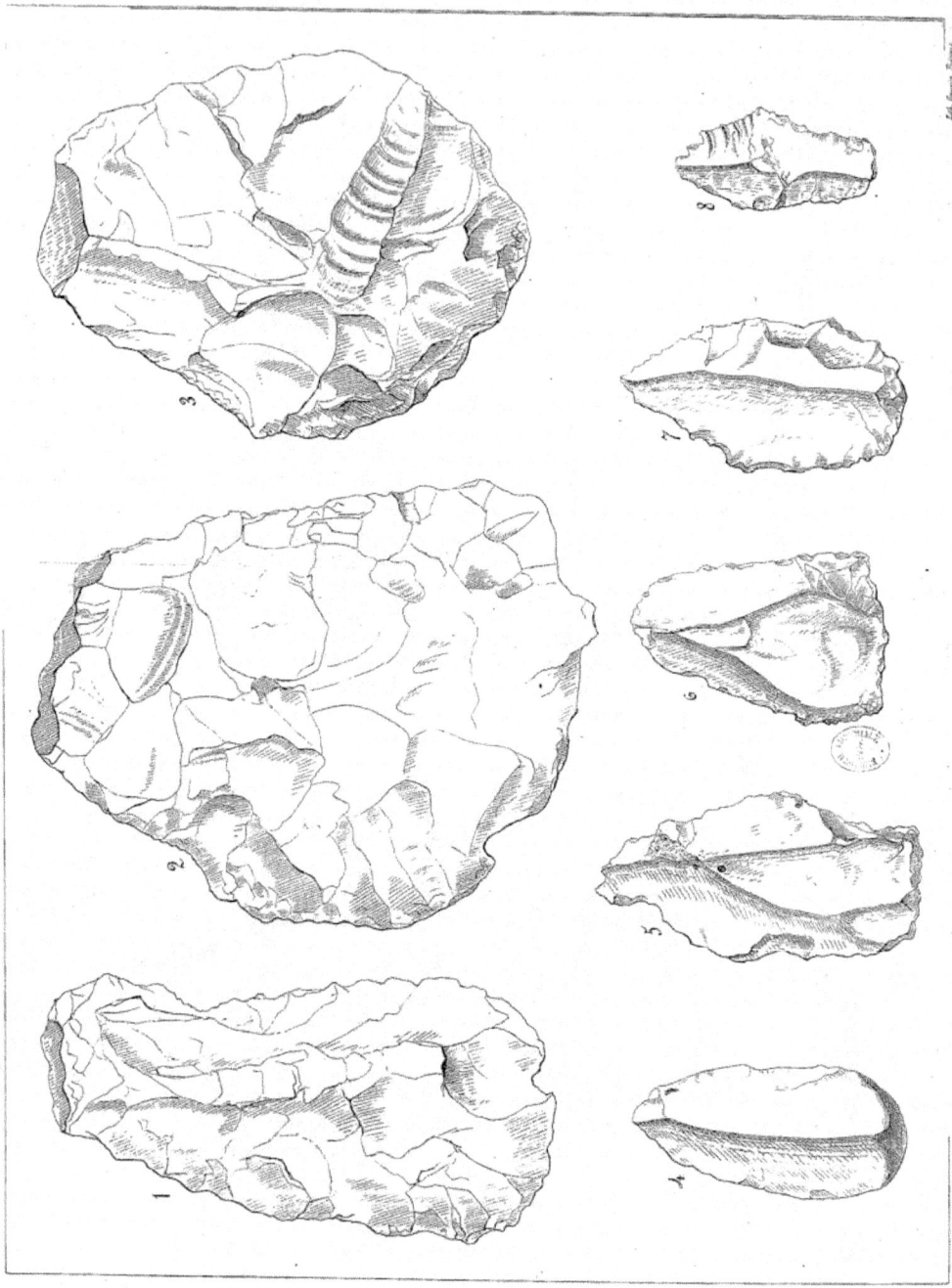

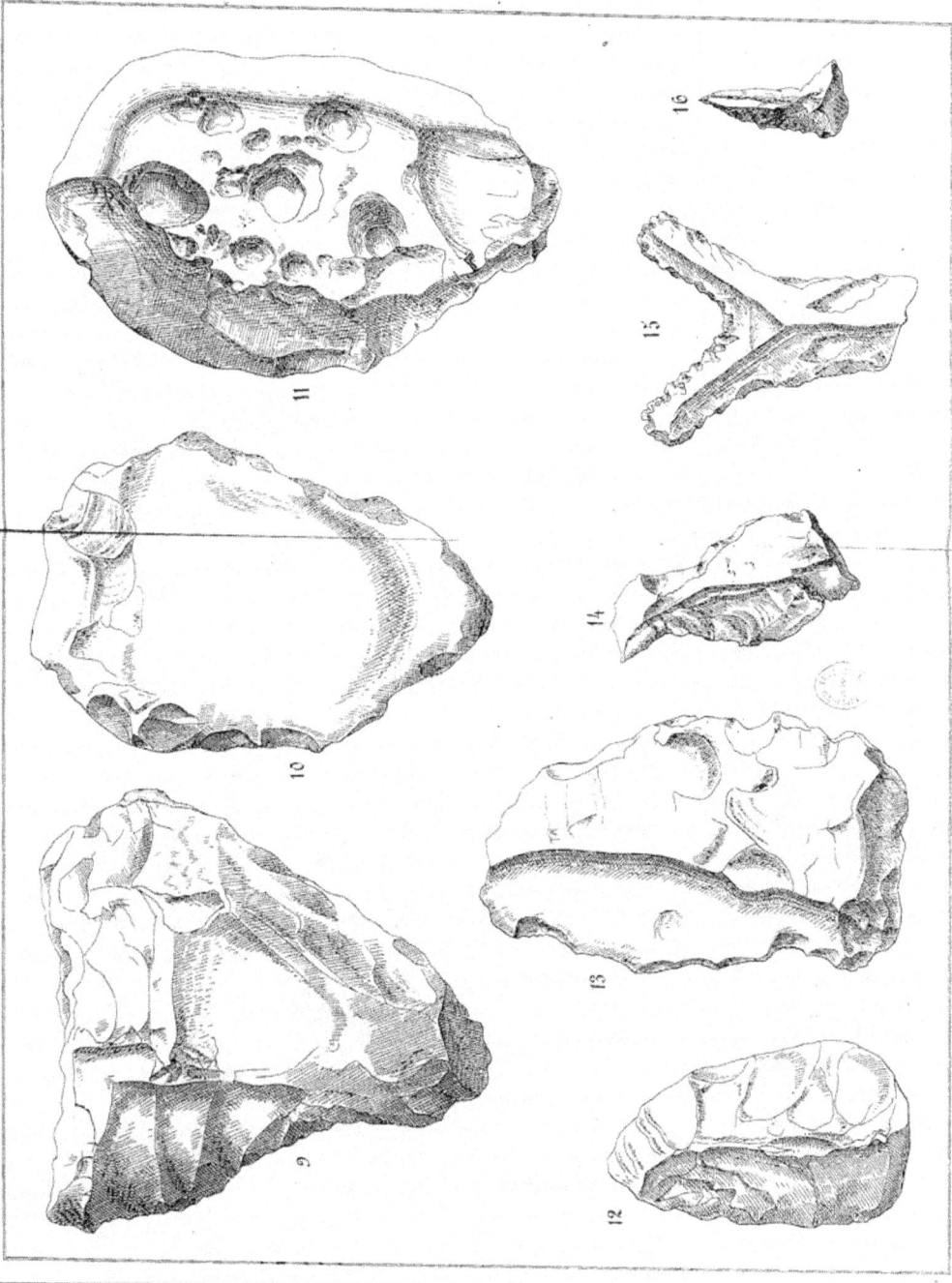

Pl. 27.—

Dessins de grandeur nature, sauf les fig. 7 à 11.

11

10

9

12

13

14

15

16

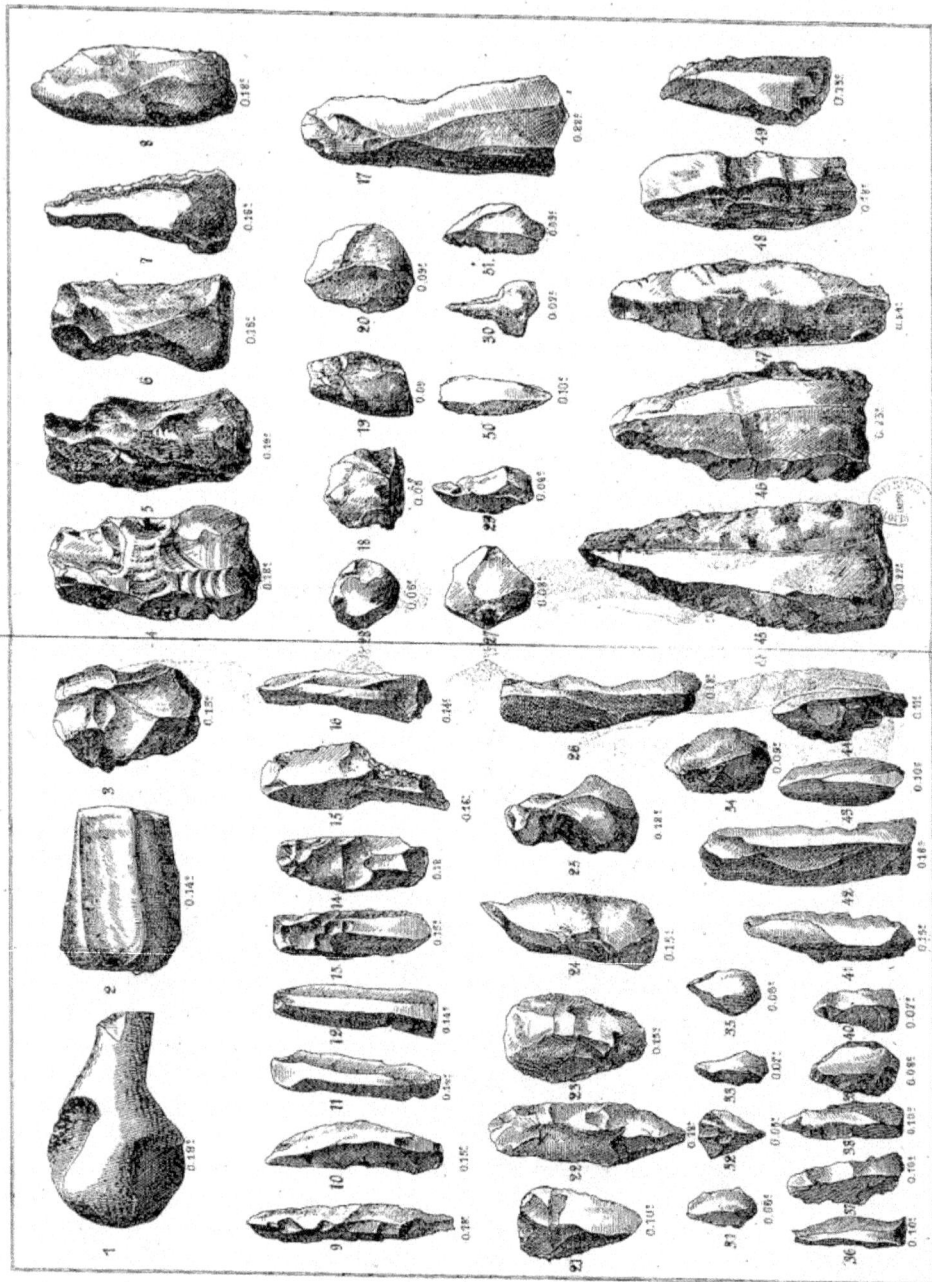

Pl. 28.

Armes et outils de Pressigny réduits au ¼ de leur grandeur.

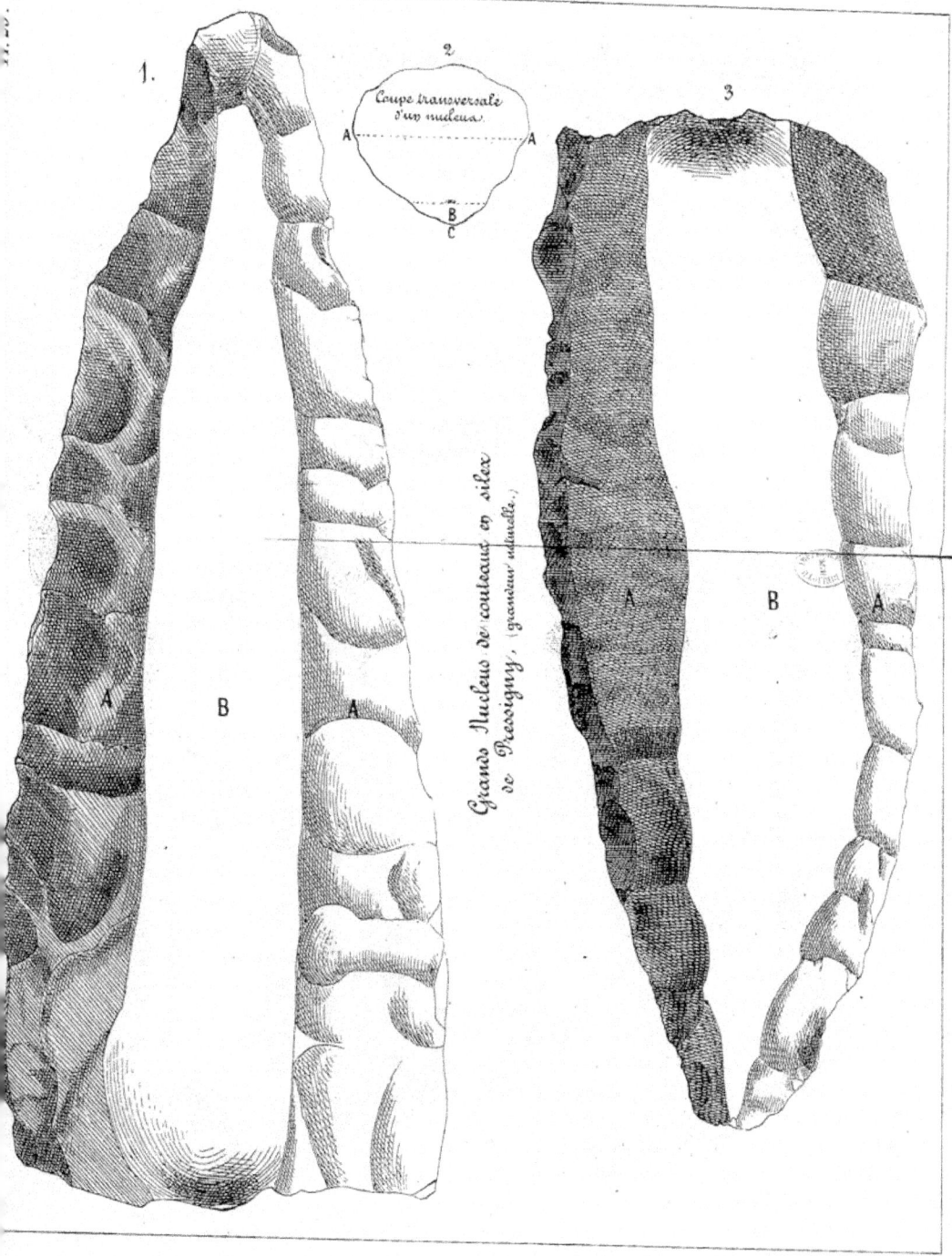

1.

2.

Coupe transversale
d'un nucleus.

A .... A

B
C

3.

A   B   A

B   A

Grands Nucleus de couteaux en silex
de Pressigny. (grandeur naturelle.)

Pl. 50.

Polissoir d'instruments en pierre, trouvé dans les environs de Préveranges, en quartrite.

3. Côté droit.

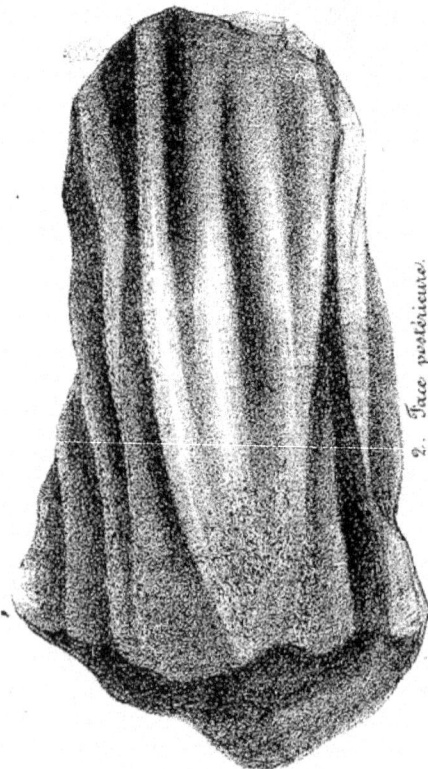

2. Face postérieure.

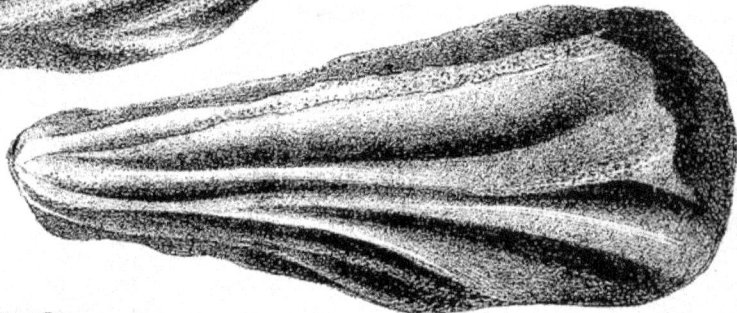

1. Face antérieure.

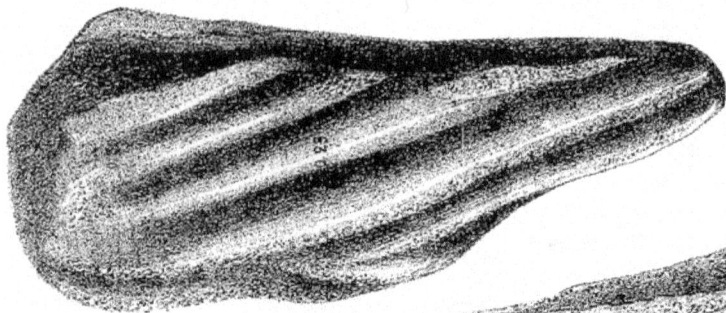

www.ingramcontent.com/pod-product-compliance
Lightning Source LLC
Chambersburg PA
CBHW051724090426
42738CB00010B/2080